echt EMF

Über die Autorin

Lisa Osada ist Privatanlegerin und Finanzbloggerin. Im Jahr 2020 gründete sie ihren erfolgreichen Finanzblog Aktiengram, mit dem sie Zehntausende Menschen motiviert, ihre finanziellen Ziele eigenverantwortlich zu erreichen. Ihre Arbeit wurde vielfach ausgezeichnet, zuletzt 2025 mit dem Medienpreis der Stiftung Finanzbildung und dem Focus Money Female Finance Award als erfolgreichste Finfluencerin Deutschlands sowie 2024 mit dem Finfluencer of the Year-Award von Business Punk. Zuvor erhielt sie bereits zweifach den comdirect finanzblog award, 2023 den Publikumspreis und 2022 den Sonderpreis als beste Finanzbloggerin Deutschlands.

Für Lisa ist es eine Herzensangelegenheit, Menschen für ihre Themen zu begeistern und zu zeigen, dass die Welt der Börse Spaß machen kann. Die Fachinformatikerin lebt und arbeitet in Trier und Hamburg.

@aktiengram
www.aktiengram.de

AKTIEN LIFE BALANCE

LISA OSADA

Entspannt investieren in Wertpapiere und ETFs

echt EMF

Haftungsausschluss:
Die Aussagen in diesem Buch geben die persönlichen Ansichten und Meinungen der Autorin wieder und sind weder als Anlageberatung, Anlageempfehlung noch als Rechtsberatung oder Steuerberatung zu verstehen. Investitionen in Aktien, Anleihen, Bankguthaben, Rohstoffe, Kryptowährungen und andere Finanzprodukte sind mit Risiken verbunden. Allgemein bergen Kapitalanlagen Risiken. Die in diesem Buch enthaltenen historischen Daten bieten keine Gewähr für ähnliche Renditen oder Erträge in der Zukunft. Alle in diesem Buch veröffentlichten Aussagen, Ratschläge, Daten und Berechnungen wurden von der Autorin und vom Verlag sorgfältig erwogen und geprüft. Eine Garantie kann jedoch nicht übernommen werden, ebenso ist die Haftung der Autorin bzw. des Verlags und seiner Beauftragten für Personen-, Sach- und Vermögensschäden ausgeschlossen.Weiterhin wird aus Gründen der Lesbarkeit bei Personenbezeichnungen und den personenbezogenen Hauptwörtern abwechselnd die weibliche und männliche Form verwendet (z. B. „die Aktionärinnen und Aktionäre"). Dabei wird auf die Verwendung von Doppelpunkten und Sternchen verzichtet. Entsprechende Bezeichnungen gelten im Sinne der Gleichbehandlung grundsätzlich für alle Geschlechter. Mit der verkürzten Sprachform ist keine Wertung verbunden.

Für die Inhalte der in dieser Publikation enthaltenen Links auf die Webseiten Dritter übernehmen wir keine Haftung, da wir uns diese nicht zu eigen machen, sondern lediglich auf deren Stand zum Zeitpunkt der Erstveröffentlichung verweisen.

Wir haben uns bemüht, alle Rechteinhaber ausfindig zu machen, verlagsüblich zu nennen und zu honorieren. Sollte uns dies im Einzelfall aufgrund der schlechten Quellenlage leider nicht möglich gewesen sein, werden wir begründete Ansprüche selbstverständlich erfüllen.

Die Ereignisse in diesem Buch sind größtenteils so geschehen wie hier wiedergegeben. Für den dramatischen Effekt und aus Gründen des Personenschutzes sind jedoch einige Namen und Ereignisse so verfremdet worden, dass die darin handelnden Personen nicht erkennbar sind.

FSC www.fsc.org MIX Papier | Fördert gute Waldnutzung FSC® C145070

Bei Fragen zur Produktsicherheit wenden Sie sich an:
Edition Michael Fischer GmbH
Kistlerhofstr. 70
81379 München
kontakt@emf-verlag.de

5. aktualisierte Auflage
Originalausgabe

Covergestaltung: Pia von Miller, unter Verwendung eines Motivs von ©Jana Haus (www.janahaus.de)
Redaktion: Veronika Weiss
Bildnachweis: Grafiken: Pia von Miller, Lisa Osada
Layout: Pia von Miller
Satz: Michaela Zander

ISBN 978-3-7459-1742-0

www.emf-verlag.de

INHALT

VORWORT

„Aller Anfang ist schwer!" Das ist wahrscheinlich oft der erste Gedanke, der uns kommt, wenn es um Investieren und Geldanlage geht. Dieser Satz hat sich im deutschsprachigen Raum als Sprichwort fest etabliert, denn er trifft auf viele Bereiche unseres Lebens zu. Egal, ob es nun um die eigenen Finanzen, die Börse oder auch das Schreiben eines Buches geht – neue Herausforderungen erscheinen auf den ersten Blick schwierig und sogar überwältigend.

Den wenigsten von uns wurde ein natürliches Talent für Neuanfänge in die Wiege gelegt. Doch mit ein wenig Mut und der Bereitschaft, sich in die Materie einzuarbeiten, können wir langfristig sogar Freude daran entwickeln. Mir hilft es sehr, von anderen zu lernen und an ihren Erfahrungen teilzuhaben.

Mit diesem Buch möchte ich meinen eigenen Weg an die Börse beschreiben und gleichzeitig dazu motivieren, sich selbst an dieses Thema zu wagen. Denn ich bin davon überzeugt, dass jeder Mensch in die Welt des Investierens einsteigen und den richtigen Umgang mit den eigenen Finanzen finden kann, wenn erst einmal der mutige Entschluss steht, es zu versuchen. Natürlich wird es auf diesem Weg auch Fehler und schlechte Entscheidungen geben. Genau wie im normalen Leben. Aber gerade durch sie lernen wir am meisten und wachsen sowohl als Person als auch als Anlegerin oder Anleger.

Gleichzeitig gilt: Du musst nicht jeden Fehler selbst machen, sondern kannst ebenso gut von den Erfolgen und Misserfolgen anderer lernen. Ich lade dich also herzlich ein, mit mir in die Welt der Aktien und Börse einzutauchen. Lass uns gemeinsam die Herausforderungen meistern und unsere finanzielle Zukunft planen.

Ich begleite dich auf eine aufregende Reise in die Welt des Investierens! Wir beginnen mit den Grundlagen und einem ersten Verständnis dafür, wie die Börse eigentlich funktioniert und was Aktien sind. Wir finden gemeinsam heraus, wie du zu deinem ersten ETF kommst und was es dabei zu beachten gilt. Aber das ist noch nicht alles! Wir werden uns auch mit der Königsdisziplin, dem Handel mit Einzelaktien, beschäftigen und uns ansehen, wie du deine eigene Strategie finden kannst. Außerdem teile ich meine Erfahrungen und Gedanken darüber, was ich selbst gerne früher über die Börse gewusst hätte und wie man einige Anfängerfehler vermeiden kann. Auch Stimmen aus meiner Community kommen in Form von häufig gestellten Fragen (FAQ) oder einzelnen Anekdoten zu Wort. Los geht's!

Einen wichtigen Leitsatz möchte ich dir gleich zu Anfang mitgeben: Sorge heute für dein Geld, damit dein Geld später für dich sorgt!

Wir kehren das bekannte Sprichwort einfach um, zu „Aller Anfang ist leicht“, und erschaffen damit Stück für Stück deine ganz persönliche Aktien-Life-Balance.

Fest steht: Um zu starten, brauchst du kein Finanzstudium, kein Elternhaus, in dem dir schon mit elf das Thema Aktien erklärt wurde, und auch kein investitionsfreudiges Umfeld. Das alles kann dir den Weg zwar ungemein erleichtern, letztendlich kommt es aber auf dich selbst an! Mache also du den ersten Schritt. Denn du tust das nur für dich und deine Zukunft.

Das Thema Finanzen soll nicht dein ganzes Leben bestimmen und zum Zweitjob mutieren, vielmehr ist es ein Baustein in unserem Leben, dem wir ebenso Beachtung schenken dürfen wie einer ausgewogenen Ernährung oder dem Ausgleich von einem stressigen Job.

Also: Packen wir es gemeinsam an – es geht um deine finanzielle Zukunft!

KAPITEL I

AB AN **DIE BÖRSE**

DURCH SEKT DIE BÖRSE ENTDECKT

Starten wir mit der „romantischen" Geschichte, wie ich den Weg an die Börse gefunden habe. Im August 2011 begann meine Ausbildung zur Fachinformatikerin für Systemintegration. Zuvor hatte ich mir viele Gedanken darüber gemacht, welche Branche und welcher Beruf wohl zu mir passen könnten. Wie sehr mein Umfeld mich hier beeinflusst hat, ist mir erst jetzt, viel später, bewusst. Denn der Gedanke, nach der Schule ein Studium zu beginnen, war mir fremd. In meiner Familie hatte niemand studiert, und auch in meinem Freundeskreis war eine Berufsausbildung der Standard.

Zunächst sah ich mich im Bereich Mediengestaltung und Design – ein Schulpraktikum in einer Agentur änderte das jedoch. Kreativ sein zu müssen, statt zu dürfen, war keine attraktive Perspektive für mich.

Mein Fachabitur bestand aus einer bunten Mischung aus verschiedensten Fächern und Themen. Eines davon war Informatik. Technik- und computeraffin war ich schon immer gewesen. Der erste Computer, an dem ich saß, war eine schwere graue Kiste mit Windows 98. Ich habe unzählige Stunden davor verbracht und kannte irgendwann fast alle Systemeinstellungen und Optionen auswendig. Ich erinnere mich noch, wie ich irgendwann das Menü für die Defragmentierung entdeckte, es aktivierte und beim nächsten Start des PCs zusah, wie die Datenblöcke neu sortiert wurden. Faszinierend!

So habe ich mich auf der Zielgeraden zur Fachhochschulreife auf die Suche nach einem Ausbildungsplatz in der IT gemacht. Erst einmal hieß es: Passende Unternehmen finden! „Bewerbung für die Ausbildung zur Fachinformatikerin in der Fachrichtung Systemintegration" lautete der Betreff meiner Anschreiben. Drei Vorstellungsgespräche später hatte ich eine Absage, eine Zusage und einen Termin für ein Vorstellungsgespräch mit Einstellungstest. Ein Test bedeutete für mich vor allem: Angst! Heute bin ich dankbar für dieses Gefühl, denn es führte dazu, dass ich den Einstellungstest absagte und mich für das Unternehmen entschied, das mich direkt nehmen wollte. Das war ausgerechnet ein börsennotiertes Unternehmen – reiner Zufall. Ein Glücksgriff, über den ich heute sehr froh bin. So begann meine Ausbildung in der IT-Abteilung eines börsennotierten Sekt- und Schaumweinherstellers.

DIE ERSTEN AKTIEN UND LEKTIONEN

Kurze Zeit später kam das nächste Angebot: die Teilnahme am Mitarbeiteraktienprogramm. Mit dem Thema hatte ich bis dahin keinerlei Berührungspunkte gehabt, dementsprechend überfordert stand ich der Materie gegenüber. Eine Google-Suche später wusste ich zumindest rein rechnerisch: Das Programm bedeutete einen Preisvorteil gegenüber dem aktuellen Aktienkurs der Firma von rund 50 %. „Da bin ich dabei", dachte ich mir, ohne so richtig zu wissen, was ich tue. Klar war nur, dass ich erst einmal ein eigenes Depot brauchen würde, also einen (digitalen) Ort für meine Geldanlage. Mit 19 Jahren überhaupt kein Problem – die Eröffnung war innerhalb weniger Tage erledigt, und ich konnte meinem Arbeitgeber die Depotnummer und die gewünschte Anzahl der Aktien mitteilen. Ich war im zweiten Ausbildungsmonat und lebte in einer WG – da war am Ende des Geldes regelmäßig noch viel Monat übrig, sodass ich mich für das kleinste Paket, bestehend aus 30 Aktien für insgesamt 150 €, entschied. Kurz darauf war es so weit: Meine erste Dividende flatterte auf mein Verrechnungskonto: Sechs Euro, steuerfrei, geschenktes Geld! Das dachte ich zumindest damals. Von diesem ersten Erlebnis beflügelt, wollte ich tiefer ins Thema einsteigen.

Mit diesem Startschuss, der absolut zufällig gefallen war, hatte mich das Börsenfieber gepackt. Das klingt heute hochtrabender, als es damals war. Die ersten Jahre lang bestanden meine Aktivitäten an der Börse aus monatlichen Sparplänen über 25 € in irgendeinen Aktienfonds – die kleinstmögliche Option für Sparpläne. Irgendein Fonds war das vor allem aufgrund meiner nicht existierenden Auswahlkriterien für das Produkt. Die Werbung des Depotanbieters in meiner Online-Postbox genügte mir, um mich von einem Kauf zu überzeugen. Ich wusste nicht einmal ansatzweise, in was ich da regelmäßig einen Teil meiner Ausbildungsvergütung investierte. Aber es genügte mir, dass im

Titel des Fonds das Wort „DEFENSIV“ vorkam. Das klang für mich irgendwie gut, logisch und „sicher“.

Was ich durch das regelmäßige Fondssparen auf jeden Fall schon früh gelernt habe, ist, mich zu disziplinieren und jeden Monat einen Teil meines Einkommens zu investieren, anstatt nur zu sparen. Hin und wieder kamen in den folgenden Jahren ein paar Aktien ausschließlich deutscher Unternehmen hinzu, zuzüglich horrender Gebühren, die teilweise 20 % der eigentlichen Order ausmachten. Davon dann aber gleich vier Käufe in einem Jahr, also noch mehr Gebühren. Wie ich auf diese Aktien gestoßen bin? Wieder spielte mein Depotanbieter eine Rolle. Ich schaute mir die Top- und Flop-Listen der DAX-Titel an. Immer fünf besonders erfolgreiche und fünf stark gefallene Aktien wurden dort angezeigt. Meine Logik war: Ich kaufe mir die gesunkenen Aktien, denn irgendwann würden sie garantiert wieder steigen. Dass es auch Aktien gibt, die nie wieder steigen, war mir weder bewusst, noch hätte es vermutlich meine Entscheidung sonderlich beeinflusst.

Mehr Glück als Verstand – das beschreibt meine ersten Jahre an der Börse ganz gut. Zu meiner Verteidigung möchte ich an dieser Stelle gerne anführen, dass 2011 noch nicht das Zeitalter der Finanz-Youtuber, Social-Media-Kanäle und zahlreichen Finanzblogs war, die ich später las oder verfolgte. Auch hatte ich kein Umfeld, das mir etwas zum Thema Aktien erzählen konnte, und in der Schule war das ohnehin nie Thema.

Wenn ich ehrlich bin, habe ich auch schlicht nicht genug recherchiert und bin gar nicht auf die Idee gekommen, nach

Anleitungen, Hilfestellungen oder gar Menschen zu suchen, um mich auszutauschen. Immerhin konnte ich so zumindest eine ganze Reihe der klassischen Anfangsfehler an der Börse selbst sammeln, auf die ich im Kapitel „10 Dinge, die ich gerne früher gewusst hätte" (ab S. 180) noch eingehen werde. Gerade für Neulinge gibt es hier einige Fallstricke.

Doch zurück zum Anfang der zufälligen Börsenkarriere. Vom zweiten Jahr meiner Ausbildung ist mir besonders die jährliche Hauptversammlung im Unternehmen in Erinnerung geblieben. Dass es sich bei der Veranstaltung um ein sehr wichtiges Ereignis handelte, merkte ich an der Anspannung meiner Kolleginnen und Kollegen. Der Planungsaufwand für diesen wichtigen Tag erschien mir enorm und löste auch bei mir Nervosität aus. Alle Azubis hatten an diesem Tag bestimmte Aufgaben zu erledigen; ich war dazu eingeteilt, im Backoffice des Veranstaltungsorts beim Aufbau und der Vernetzung der IT-Systeme zu helfen, und von dort aus konnte ich die Versammlung und Inhalte der Veranstaltung verfolgen. Aktionärinnen und Aktionäre kamen zusammen und stellten ihre Fragen. Der Vorstand, mit dem ich vor ein paar Tagen noch wegen eines Updates seines Computers zu tun hatte, sprach auf einmal auf der Bühne. Das fand ich beeindruckend. Obwohl ich bei der Veranstaltung selbst eher im Hintergrund an einem reibungslosen Ablauf beteiligt war, hat mich dieses Erlebnis so geprägt, dass ich auch heute noch gerne Hauptversammlungen besuche – nun allerdings aus der Perspektive einer Aktionärin.

SPAREN IST GUT, ABER NICHT GUT GENUG!

In dem Dorf, in dem ich aufgewachsen bin, gab es damals noch eine örtliche Volksbank und eine Sparkasse. Dazu kam einmal im Jahr der wunderbare Weltspartag, an dem ich mit dem gesammelten Kleingeld der vergangenen zwölf Monate und meinem Sparbuch zu der kleinen Filiale lief, um stolz alles einzuzahlen und dafür sage und schreibe 1,7 % Zinsen zu bekommen. Was Zinsen eigentlich sind, wusste ich damals nicht, aber der Gedanke, dass ich scheinbar mühelos mein Geld vermehren konnte, einfach nur durch Abwarten, gefiel mir gut. So prägte ich mir schon früh ein, Geld zu sparen.

Die Fähigkeit zu sparen ist der eigentliche Ausgangspunkt für Vermögensaufbau. Hier beginnt alles mit einer Übersicht über die Einnahmen und Ausgaben. Einige werden herausfinden, dass sie sehr viel Geld für Dinge ausgeben, die sie nicht unbedingt benötigen, anstatt es für Investitionen zurückzulegen oder direkt in Sparpläne einzubinden. Nach dieser möglicherweise ernüchternden Analyse ist ein erster Impuls, die Schuld für zu wenig Spielraum beim Arbeitgeber, dem Staat oder Menschen im Umfeld zu suchen.

Um wirklich eine Veränderung herbeizuführen, hilft das aber nicht weiter. Für deinen Vermögensaufbau ist es entscheidend, dass du vom Sparen zum Investieren übergehst. Geld, das klug investiert wurde, ist in deinem Sinne produktiv. Jeder Euro, den du investierst, kann sich über einen längeren Zeitraum vielfach für dich auszahlen. Ohne die Fähigkeit zu sparen fehlt Geld zum Investieren. Doch genau hier liegt auch die größte Chance beim Umgang mit deinen Finanzen: Du kannst selbst die Verantwortung übernehmen! Wenn du denkst, dass du zu wenig verdienst, lote deine Möglichkeiten aus, eigne dir neues Wissen an und mache neue berufliche Optionen ausfindig. Es liegt an dir, sie zu erkunden und zu nutzen. Lerne zu sparen, um dann den Schritt zum Investieren zu machen.

Sparen ist der erste Schritt: Es ebnet dir den Weg für deine finanzielle Zukunft.

GELD REGIERT DIE WELT?

Besprechen wir an dieser Stelle einmal kurz die weitverbreiteten Denkmuster zum Thema Geld. Frage dich selbst, ob du Menschen, die viel Geld haben, automatisch unsympathisch findest. Nicht selten, häufig auch durch die Medien geprägt, wird viel Geld sofort mit Gier und Boshaftigkeit verbunden. Wer glaubt, viel Geld zu besitzen sei etwas für schlechte Menschen, wird unbewusst tunlichst vermeiden, ein eigenes Vermögen aufzubauen.

Hinterfrage dich und überlege, ob diese negativen Bewertungen wirklich deine eigenen sind oder ob sie durch Nachrichten, Schlagzeilen oder Gespräche und Ansichten von anderen entstanden sind. „Glaube nicht alles, was du denkst." – Frage dich immer, ob der Gedanke von dir selbst oder von anderen stammt und ob dieser Gedanke wirklich „wahr" ist.

Fakt ist: Geld ist weder gut noch böse, sondern völlig neutral. Es war und ist ein einfaches Tausch- oder Zahlungsmittel. Deshalb ist es auch nicht verwerflich, mehr Geld besitzen oder ein eigenes kleines oder großes Vermögen aufbauen zu wollen. Ob wir es dann für den schnellen Konsum und ein bestimmtes Image nach außen verwenden oder um Projekte voranzutreiben, an die wir wirklich glauben, ist eine Frage der persönlichen Einstellung.

Geld ist weder gut noch böse, sondern völlig neutral. Es ist ein Tausch- oder Zahlungsmittel.

Der tatsächliche Wert von Geld hängt immer mit seiner Kaufkraft zusammen. Gerade Ende 2022 und Anfang 2023 ist ein Thema in die Medien zurückgekehrt, um das es jahrelang sehr ruhig war: Die Inflation schlug um sich, Inflationsraten von 8 % und mehr wurden uns präsentiert. Die Preissteigerung begleitet uns dabei eigentlich permanent und entwertet still und heimlich über die Jahre unser Geld und mindert damit dessen Kaufkraft. Allen größeren Ausschlägen zum Trotz beträgt das langfristige Inflationsziel der Europäischen Zentralbank (EZB) 2 % Inflation pro Jahr. Eine leichte Entwertung unseres Geldes ist also kein temporärer Zufall, sondern ein ausdrückliches Ziel. Das Tückische daran ist, dass wir die Inflation nicht direkt an unserem Geldbeutel oder am Stand auf dem Girokonto erkennen. 5 000 € auf dem Konto sind, unangetastet, auch in zehn Jahren noch immer 5 000 €. Allerdings können wir uns dann viel weniger für dieses Geld kaufen. Bei einer angenommenen durchschnittlichen Inflation von 2 % können wir uns nach zehn Jahren nur noch Dinge vom heutigen Wert von ungefähr 4 085 € leisten. Bei 4 % wären es nur noch rund 3 324 €.

Dieser Effekt ist unheimlich wichtig zu verstehen, denn so lässt sich viel leichter die Brücke schlagen zum Sinn und der Notwendigkeit, sein Geld nicht einfach auf einem Girokonto, Sparbuch oder unter dem heimischen Kopfkissen zu lagern. Selbst Konten mit einer positiven Verzinsung von 2 oder 3 % können bei besonders hoher Inflation keinen Ausgleich schaffen, sondern nur den Verlust der Kaufkraft etwas begrenzen. Bei einer Inflation von 8 % und einer positiven Verzinsung des Kontoguthabens von 3 % beträgt der tatsächliche Verlust immer noch 5 %. Geld, das nicht für uns arbeitet, wird über die Zeit immer weiter seinen Wert verringern. Dagegen bekommen die wenigsten von uns wohl jährlich eine passende Gehaltserhöhung, um diesen sogenannten Kaufkraftverlust stetig auszugleichen.

Geld, das nicht für uns arbeitet, verringert über die Zeit seinen Wert.

Übrigens: Im Gegensatz zu Aktien haben wir bei Geld oft weniger Berührungsängste. Das liegt vor allem daran, dass wir ganz selbstverständlich mit Geld aufwachsen und schon als Kinder begreifen, dass wir uns davon Dinge kaufen können. In gewisser Weise entwickeln wir also Vertrauen in Geld. Aktien hingegen begegnen uns oft erst viel später im Leben und wirken zunächst fremd und vielleicht sogar gefährlich. Nimm dir etwas Zeit, um darüber nachzudenken, was du mit Geld verbindest. Das kann mit einer einfachen Frage beginnen: „Was bedeutet es für mich persönlich, viel Geld zu besitzen?"

Du kannst dich auch fragen, was Geld dir ermöglichen kann und welche Bedeutung es in der Gesellschaft und im Alltag jedes Einzelnen hat. Für mich persönlich bedeutet Geld vor allem Sicherheit und Unabhängigkeit. Ich selbst bin mit nur einem Elternteil aufgewachsen und hatte weder Zugang zu einflussreichen Menschen noch vergleichbare Privilegien. Mit dem Thema Aktien und Börse bin ich erst im Rahmen meiner Ausbildung in Berührung gekommen. Ich selbst hatte immer das Ziel, unabhängig zu sein und zu bleiben, und habe früh gelernt, Verantwortung für mich selbst zu übernehmen. Und dazu gehört auch das eigene Geld.

SCHUTZ VOR INFLATION

Wenn Güter unseres täglichen Bedarfs teurer werden, weil der Wert des Geldes sinkt, steigt gleichzeitig die Summe auf dem Kassenzettel kontinuierlich. Wie können wir uns vor den negativen Folgen der Inflation schützen?

Eine Möglichkeit ist die Investition in einen Sachwert. Klassische Sachwerte sind zum Beispiel Immobilien und Gold – sozusagen etwas zum Anfassen. Aber auch Aktien zählen zu den Sachwerten, denn sie stellen eine Beteiligung an einem realen Unternehmen dar. Darüber hinaus können Unternehmen aktiv auf die Inflation reagieren, indem sie etwa die Preise für ihre

Produkte anpassen. Auch ist es hier, anders als bei Immobilien, schon mit kleinen Beträgen möglich, monatlich einen Teil seines Geldes zu investieren (siehe Kapitel „Was ist eine Aktie?" ab S. 30).

Was man bei vielen Sachwerten allerdings nicht vergessen darf: Auch ihr Wert unterliegt Schwankungen. Obwohl diese ganz normal sind, ist es in der Praxis meist sinnvoll, einen Teil seines Geldes zusätzlich auf einem Tages- oder Festgeldkonto anzulegen. Dadurch gibt es weniger tägliche Schwankungen, was gerade am Anfang ein beruhigendes Gefühl sein kann. Ein weiterer Vorteil ist, dass du damit zahlungsfähig (liquide) bleibst, gerade für die berühmte kaputte Waschmaschine oder andere kurzfristige Anschaffungen.

Ob sich der Kauf von Sachwerten „lohnt", zeigt sich in der Realität immer erst im Nachhinein. Diese Unberechenbarkeit lässt viele Menschen auch vor dem Investieren in Aktien zurückschrecken. Das Risiko ist vorsichtigen Anlegerinnen und Anlegern einfach zu hoch. Aber auch bei einem Haus, Grundstück oder Gold weiß man nie, wie sich der Wert in zehn oder 20 Jahren entwickeln wird. Niemand kann uns garantieren, dass in Sachanlagen investiertes Geld zu einem bestimmten Zeitpunkt eine positive reale Rendite abwirft. Was wir aber wissen: Je länger wir weltweit gestreut in Aktien investieren, desto geringer ist die Wahrscheinlichkeit, einen Verlust zu erleiden.

Wie genau bietet uns der Kauf von Aktien einen Schutz vor Inflation? Unternehmen, an denen wir beteiligt sind, können etwa ihre Preise erhöhen und damit höhere Umsätze und im besten Falle Gewinne erzielen, wovon wir als Miteigentümer wiederum profitieren können. Um diese Mechanismen zu verdeutlichen, möchte ich dir ein Beispiel nennen:

Julia investiert nicht in Aktien und gibt den Großteil ihres Einkommens aus. Unter anderem kauft sie sich einmal pro Woche ihr Lieblingseis für 4,99 € im Supermarkt. Im Laufe der letzten Jahre sind die Produktionskosten durch die Inflation deutlich gestiegen, sodass ein Eis inzwischen 6,99 € kostet. Wenn Julia ihre Gewohnheit beibehalten möchte, muss sie inzwischen ganze 8,67 € mehr pro Monat ausgeben (2 € Preisunterschied x 52 Wochen pro Jahr).

Kim hat dieselbe Leidenschaft für das Eis der börsennotierten Magnum Ice Cream Company. Diese Leidenschaft geht so weit, dass sie einen Teil ihres Ersparten und ihrer monatlichen Einnahmen in Aktien des Unternehmens investiert. Durch die Inflation muss auch Kim für das Eis inzwischen tiefer in die Tasche greifen und 6,99 € im Monat ausgeben. Als Besitzerin der Aktie und damit eines Unternehmensanteils hat sie aber auch etwas vom gestiegenen Preis, denn dadurch entsteht mehr Umsatz und möglicherweise auch ein Gewinn. Die Aktien oder Unternehmensanteile können also wertvoller werden und so Kims Mehrausgaben entgegenwirken.

Dieses Beispiel ist natürlich stark vereinfacht und soll lediglich den Mechanismus beschreiben, der in den Medien häufig als „Preissetzungsmacht“ bezeichnet wird. Denn nicht jedes Unternehmen ist dazu in der Lage die Preise flexibel anzupassen, ohne dass die Kunden auf günstigere Alternativen umsteigen.

In einem inflationären Umfeld müssen wir mit unserem Aktiendepot höhere Gewinne (Renditen) erzielen, um eine positive tatsächliche (reale) Rendite zu erzielen. Blicken wir in die Vergangenheit, waren Aktien stets die bessere Investition und haben aktiv Vermögen aufgebaut. Wir merken: Die Inflation wird uns in unserem aktuellen Wirtschaftssystem wahrscheinlich immer begleiten. Daher müssen wir lernen, mit ihr umzugehen und unser Geld so zu verwalten, dass wir trotz Inflation von Jahr zu Jahr besser dastehen. Das wird vielleicht nicht in jedem Jahr gelingen, solange der Trend aber positiv ist, lohnt es sich langfristig.

INVESTIEREN STATT KONSUMIEREN

Als das Ende meiner Berufsausbildung nahte und der erste „richtige" Job anstand, war eines meiner höchsten Ziele, mir ein neues Auto zu kaufen, wenn ich erst einmal mein „richtiges" Gehalt verdienen würde. Mein erstes Auto war ein gebrauchter VW Polo gewesen, tiefergelegt, mit Sportfahrwerk. Das Fahrzeug hatte bereits 70 000 km auf dem Tacho und kostete mich ungefähr 3 000 €. Für mich als Dorfkind war es normal und auch notwendig gewesen, mit 18 ein eigenes Auto zu kaufen. Der Weg zur Berufsschule und zur Arbeitsstelle war damit deutlich unkomplizierter, zusätzlich bildeten wir Fahrgemeinschaften mit Klassenkameraden aus dem Nachbardorf. Nachdem ich allerdings in eine größere Stadt umgezogen war und meine Arbeitsstelle weniger als einen Kilometer entfernt lag, schien mir die Anschaffung eines neuen Autos viel weniger notwendig. Auch wenn ich es mir ursprünglich als großes Ziel gesetzt hatte, mir sofort nach Abschluss der Ausbildung ein neues Auto zu kaufen, tat ich es nicht, da ich ja ohnehin zu Fuß zur Arbeit laufen würde.

Warum das, wieder eher zufällig als bewusst, eine unglaublich gute Entscheidung für meinen Vermögensaufbau war? Jeder Euro, der in unseren Konsum fließt, verlängert den Weg zur finanziellen Unabhängigkeit. Für einen neuen BMW, mein damaliges Traumauto, hätte ich 35 000 € auf der hohen Kante haben müssen. Das Geld hatte ich damals zwar nicht, aber für das Beispiel möchte ich den Vergleich fortführen. Dieser Autokauf hätte für mich bedeutet, dass mir im Alter fast 270 000 € fehlen würden. Das klingt erst einmal ziemlich seltsam, oder?

Aber es ist so: Gerechnet mit der Annahme, dass ich über 35 Jahre die 35 000 € mit einer durchschnittlichen Rendite, also einer jährlichen Verzinsung von 6 % investiere, entsteht daraus ein stattliches Endkapital von 269 013 €. Diese Summe setzt sich zusammen aus 35 000 € Einzahlungen und 234 013 € an Zinsen bzw. Kapitalerträgen.

Da stellt sich unmittelbar die Frage, ob ich für das schöne Gefühl eines neuen Autos und die Anerkennung einen zu hohen Preis gezahlt hätte.

Ein interessanter Umstand, der zeigt, welchen Stellenwert das Investieren in unserer Gesellschaft häufig hat: Hätte ich mir den BMW für 35 000 € gekauft, wäre ich sehr wahrscheinlich von Freundinnen und Kollegen dafür gefeiert worden. Mir sind viele Likes und Zuspruch entgangen, die ich mit einem Post auf Social Media, mit mir im Auto und einer prominenten roten Schleife auf der Motorhaube, hätte bekommen können. Wenn ich aber denselben Leuten berichtet hätte, dass ich 35 000 € in BMW-Aktien investiere, hätte ich wahrscheinlich kein Lob, sondern eher Warnungen und Kopfschütteln geerntet. Was gerechtfertigt gewesen wäre, wenn ich tatsächlich das gesamte Geld in eine einzige Aktie investiert hätte – aber vielmehr wegen der Tatsache, dass ich damit „alles auf eine Karte" gesetzt hätte, und nicht wegen der Investition selbst. Warum das keine gute Idee ist, kannst du dir vermutlich schon denken, und wir werden später noch genauer darauf zu sprechen kommen: Eine so große Investition in nur eine einzige Aktie hat meist mehr mit Spekulation als mit Investieren zu tun.

Diese beiden Szenarien sprechen für sich. In der Realität hätte ich vermutlich eine teure monatliche Kfz-Finanzierung abgeschlossen und mich damit langfristig noch schlechter gestellt. Trotzdem werde ich dafür bewundert. Kaufe ich mir Aktien, werde ich verurteilt und gewarnt. Zumal der schicke BMW nach einigen Jahren zwar noch ein gutes Auto ist, mir dann sicher keine neuen Likes mehr einbringen würde. Irgendwann kämen eher noch zusätzliche Kosten auf mich zu. Bei meinem Gebrauchtwagen für 3 000 € mag das ebenso der Fall sein. Doch auch wenn wir davon ausgehen, ich zahle 2 000 € an Reparaturen über die nächste Zeit drauf, so würden die restlichen 30 000 €, über 35 Jahre zu 6 % investiert, ein stattliches Endkapital von rund 230 000 € ergeben (30 000 € Einzahlungen und 200 583 € an Zinsen bzw. Kapitalerträgen). Warum ein Aktienkauf trotzdem häufig pauschal abgelehnt wird, ist, dass wir uns diesen enormen Effekt zwischen eingesetztem Kapital und Zeit (Zinseszins) sehr schlecht vorstellen können. Meist neigen wir dazu, solche Dinge linear zu betrachten. Der magische Zinseszins sieht aber nun einmal aus wie ein immer stärker gespannter Bogen, weil er exponentiell ansteigt.

Der Zinseszinseffekt

Endkapital	230 583 €
Gesamte Einzahlungen	30 000 €
Erhaltene Zinszahlungen	200 583 €

Bei einer Anlage von 30 000 € über 35 Jahre mit einer jährlichen Rendite von 6 % ergibt sich ein Endkapital von 230 583 €. Es setzt sich zusammen aus deiner Einzahlung von 30 000 € und 200 583 € Zinsen bzw. Kapitalerträgen.

Im Diagramm

Berechnung

Endkapital	230 583 €
Gesamte Einzahlungen	30 000 €
Erhaltene Zinszahlungen	200 583 €

Bei einer Anlage von 30 000 € über 35 Jahre mit einer jährlichen Rendite von 6 % ergibt sich ein Endkapital von 230 583 €. Es setzt sich zusammen aus deiner Einzahlung von 30 000 € und 200 583 € Zinsen bzw. Kapitalerträgen.

Im Diagramm

Quelle: https://www.finanzfluss.de/rechner/zinseszinsrechner/

Dieses Beispiel ist sehr vereinfacht, um den Zinseszinseffekt zu verdeutlichen, da es eine garantierte Rendite an der Börse so nicht gibt und wir immer von langfristigen Zeiträumen und Durchschnittswerten sprechen. Die tatsächliche Endsumme kann aufgrund des sogenannten „Renditereihenfolgerisikos" abweichen. Marktrückgänge in den ersten Jahren, verbunden mit Entnahmen, können das Vermögen schneller schrumpfen lassen und kürzere „Lebensdauern" entwickeln als geplant. Steigende Märkte hingegen haben gegenteilige Auswirkungen.

Um den Weg zum Vermögensaufbau zu ebnen, müssen wir Geld dafür zur Verfügung stellen – also mehr verdienen oder weniger ausgeben. Einerseits kannst du vielleicht eine Gehaltserhöhung verhandeln, einen Nebenjob finden oder überflüssige

Gegenstände verkaufen. Andererseits solltest du dir keine unnötigen Dinge zulegen, denn jeder einzelne klug investierte Euro zahlt sich langfristig für dich aus.

Einmal vom Börsenfieber gepackt, kann es dich dazu verleiten, dir überhaupt nichts mehr zu gönnen und jeden Cent für deine Investments zurückzulegen. Ein so extremer Ansatz ist nicht zwingend nötig, um finanzielle Ziele zu erreichen. Das Sparen und Investieren sollte nicht zum Lebensmittelpunkt mutieren, und du solltest dir auch weiterhin etwas „gönnen" können – nur eben bewusster und nicht verschwenderisch.

Es gibt im Wesentlichen nur zwei Wege, um zu investieren und Vermögen aufzubauen: mehr verdienen oder weniger konsumieren.

So weit mein Einstieg – doch wie kann es für dich losgehen, was könnten deine ersten konkreten Schritte sein?

Dafür möchte ich dir im Folgenden grundlegendes Werkzeug an die Hand geben.

KEINE ANGST VOR AKTIEN

Nachdem wir über meinen Weg an die Börse und das Thema Sparen gesprochen haben, möchte ich an dieser Stelle näher darauf eingehen, warum der Schritt zum Investieren so wichtig ist. Dabei spielt vor allem ein weitverbreitetes Denkmuster eine große Rolle, nämlich, dass Wertpapiere wie Aktien nur etwas für besonders reiche Menschen oder Expertinnen und Experten sind. In den Köpfen vieler muss man dazu noch ein Mathe-Ass sein, um überhaupt die Zusammenhänge zu verstehen und die Risiken dieser Anlageform zu durchschauen. Leider führen solche Gedanken schnell dazu, dass hier unterbewusst eine Grenze gezogen wird: die Aktie als exklusives Spielzeug der Reichen. Diese Zuordnung ist noch immer erschreckend weit verbreitet. Dabei geht sie völlig an der Realität vorbei. Auch für Neulinge gibt es geeignete, einfach verständliche und kostengünstige Möglichkeiten, in Aktien zu investieren. Bereits mit kleinen Beträgen ist es möglich, monatlich in einen Wertpapiersparplan einzuzahlen. Das kann ein guter erster Einstieg ins Investieren sein – und ich schreibe bewusst „kann“. Denn damit das gut geht, dein Geld seinen Wert behält und sich über die Zeit ganz von allein vermehrt, ist ein gewisses Grundwissen nötig, das ich dir mit diesem Buch vermitteln möchte.

WAS IST EINE AKTIE ÜBERHAUPT?

Ein Merksatz ganz zu Anfang: Investiere nur in Dinge, die du verstehst. Deshalb gilt es zunächst einmal zu verstehen, was eine Aktie eigentlich ist. Dabei handelt es sich nicht um ein erfundenes Fantasieprodukt. Dahinter stehen ein reales Unternehmen, echte Mitarbeiter und Produkte oder Dienstleistungen. Gerade in Deutschland fallen uns hier vielleicht zuerst die Automobilhersteller ein. *Mercedes-Benz, BMW, Porsche,* sie alle sind an der Börse vertreten. Doch der Blick über den Tellerrand gelingt auch ohne Auslandsreise. Vielmehr sind es die großen börsennotierten Unternehmen, die uns mit vielen alltäglichen Produkten versorgen, wie beispielsweise die Firma Procter & Gamble. Auch wenn uns der Name selbst nicht geläufig ist, so sagen uns doch die Markennamen Ariel, Pampers oder Oral-B etwas. Und das sind nur drei von über 60 Marken, die zum Unternehmen gehören. Ähnlich sieht es beim Lebensmittelgiganten Unilever aus. Deodorants von AXE und Suppen von Knorr sind nur zwei von vielen weiteren Marken und Produkten des Herstellers.

Mit Aktien investiert man nicht nur in ein Unternehmen und profitiert im besten Fall von dessen Wachstum. Aktien zu besitzen bedeutet, Miteigentümer oder Miteigentümerin zu werden. Dafür braucht man keine Millionenbeträge. Eine Aktie von Unilever etwa kostet Anfang 2026 knapp 55€. Der Kaufpreis einer Aktie ist dabei kein Kriterium dafür, ob eine Aktie hoch oder niedrig bewertet ist, und auch Aktien, die pro Stück „nur" 2 € kosten, können viel zu teuer sein, wenn man sie mit den Gewinnen ins Verhältnis setzt, die das Unternehmen erwirtschaftet. Wenn du eine einzige Aktie besitzt, bist du bereits am Unternehmen beteiligt und hast Anspruch auf eine Gewinnbeteiligung in Form einer Dividende, sofern das Unternehmen eine ausschüttet. Das Thema Dividende behandeln wir näher im Kapitel „Die Dividende" (ab S. 126).

Aktien und ihre Kurse sind ständigen Schwankungen unterworfen. Unvorhergesehene Ereignisse wie wirtschaftliche oder politische Veränderungen können sogar zu einem erheblichen Auf und Ab führen. Deshalb ist es wichtig, diese Dynamik zu verstehen und eine persönliche Strategie zu entwickeln, bevor man in Aktien investiert.

Nicht zuletzt wegen dieser Schwankungen am Aktienmarkt ist es meiner Meinung nach gerade bei einer langfristigen Strategie hilfreich, sich das Wesen der Aktie vor Augen zu halten. Nur weil der Aktienkurs mal ein paar Prozentpunkte fällt, heißt das nicht, dass man weniger an dem Unternehmen beteiligt ist, das dahintersteht.

GOOD TO KNOW | Zu einer Aktie gehört für mich immer auch die Geschichte des Unternehmens. Ich möchte wissen, was die Firma hinter der Aktie macht, die ich kaufe. Viele Unternehmen sind erst durch Fusionen und Abspaltungen zu dem geworden, was sie heute sind. Ein schönes Beispiel, das noch gar nicht so lange zurückliegt, finden wir in der Chemiebranche:
Die Rede ist von den beiden US-Chemieriesen Dow Chemical Company (gegründet 1897) und E.I. du Pont de Nemours and Company (kurz DuPont, gegründet 1802 als Hersteller industrieller Sprengstoffe). Beide Unternehmen haben sich im Laufe der Jahrzehnte zu wahren Chemiegiganten entwickelt. Nur die deutsche BASF ist noch größer, aber das nur am Rande.
Im Jahr 2015 beschlossen die beiden amerikanischen Unternehmen, sich zusammenzutun und zu fusionieren. Das neue Unternehmen sollte den Namen DowDuPont tragen und nur existieren, um sofort wieder in drei Unternehmen

aufgeteilt zu werden. Diese drei Unternehmen sind heute unter den Namen Dow Inc., DuPont de Nemours (oder DuPont) und Corteva Inc. an der Börse notiert. Der Grund für die Fusion mit anschließender Aufspaltung war, dass die drei Unternehmen klar voneinander abgegrenzte Geschäftsbereiche besaßen und in diesen spezialisierter und effizienter agieren konnten als zuvor. Die Kunststoff- bzw. Materialwissenschaften der ehemaligen Dow Chemical und DuPont sind heute in der Dow Inc. zusammengefasst. Der Bereich Spezialchemie ist vollständig bei DuPont de Nemours angesiedelt, und die neu gegründete Corteva Inc. ist im Bereich Pflanzenschutz und Saatgut tätig. Es gibt unzählige solcher Unternehmensgeschichten, die für Aktionäre und Aktionärinnen spannend sind. Man kann in nahezu unbegrenzter Tiefe eintauchen, um zu verstehen, welche Ereignisse in der Vergangenheit das Unternehmen zu dem gemacht haben, was es heute ist.

Bleiben wir bei unserem Beispiel: Die Firma DuPont wurde als Hersteller von Schwarzpulver und Sprengstoffen gegründet. Wie man sich vorstellen kann, ein ziemlich gefährliches Geschäft. So kam es 1818 zu einer schweren Explosion auf dem Werksgelände, bei der viele Mitarbeiter ums Leben kamen. Das Unternehmen stand nach dieser Katastrophe am Rande des Ruins. Doch es gelang, das Ruder herumzureißen. Es war klar, dass sich eine solche Tragödie nicht wiederholen durfte, und so setzte sich das Unternehmen zum Ziel, das sicherste Unternehmen der Welt zu werden. Es entwickelte strengste

Arbeitssicherheitsrichtlinien, und in verschiedenen Branchen galt ein „Sicherheitskonzept nach DuPont" bald als absoluter Goldstandard. Das Personal wurde außerordentlich gut geschult und streng überwacht. Wer eine Packung Streichhölzer mit zur Arbeit brachte, riskierte eine Kündigung. Wer die Treppen hochstieg, ohne den Handlauf zu benutzen, wurde ermahnt. Kam es trotz all dieser Vorgaben zu einem Arbeitsunfall, wurde der sofort zur Chefsache erklärt, und der CEO war kurze Zeit später vor Ort. Die genannten Beispiele sind vielleicht nur Mythen, aber es ist eine Tatsache, dass DuPont es geschafft hat, eines der sichersten Unternehmen der Welt zu werden, obwohl es in einer risikoreichen Branche tätig ist.

Es sind Geschichten wie diese, die eine Aktie zum Leben erwecken können und uns vielleicht langsam dazu bringen, nicht ausschließlich auf die Zahlen und den Kurs im Depot zu schauen, sondern auch auf das Unternehmen dahinter. Das Wunderbare an Aktien ist, dass wir am Ende selbst entscheiden können, ob wir einem Unternehmen mit solchen Standards und einer interessanten Geschichte unser Geld anvertrauen möchten und welche Kriterien uns dabei wichtig sind.

DIE WICHTIGEN BÖRSEN DER WELT

Die *New York Stock Exchange (NYSE)* in den USA gilt als die wichtigste und größte Börse der Welt. Danach folgt die *Technologiebörse von New York (NASDAQ)*. In Asien stehen Shenzhen, Shanghai, Tokio und die Korea Exchange an der Spitze. Zu den größten Handelsplätzen in Europa gehören der Zusammenschluss der Börsen von Amsterdam, Brüssel, Dublin, Lissabon, Mailand, Oslo und Paris, die *Euronext*, sowie die Deutsche und die Londoner Börse.[1] Auch wenn die Börse in Deutschland bei Weitem nicht die Bedeutung hat wie etwa eine *NASDAQ* in den USA und anderen Ländern, ist das Standing der Deutschen Börse im internationalen Rahmen durchaus beachtlich.

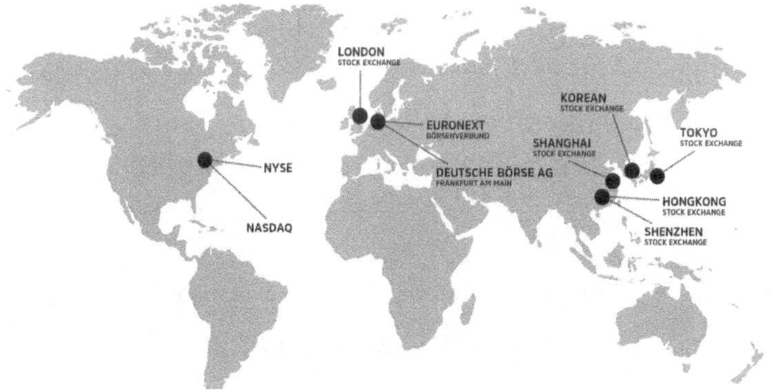

Quelle: https://www.ig.com/de/trading-strategien/groesste-boersen-der-welt-181109

Ende 2022 hatte ich im Rahmen eines Interviews die Gelegenheit, die heiligen Hallen in Frankfurt am Main selbst zu betreten. Von dem geschäftigen Treiben früherer Tage ist heute nichts mehr zu spüren. Die Zeiten des Parketthandels, bei dem Aktien unter lautem Geschrei und hektischen Handzeichen gehandelt wurden, sind vorbei. Heute finden sich in der Halle nur noch wenige Angestellte, dafür Dutzende Bildschirme und einige Moderatorinnen und Moderatoren, die für verschiedene Formate

1 https://de.statista.com/statistik/daten/studie/166143/umfrage/groesste-boersenbetreiber-der-welt-nach-handelsvolumen/

direkt vom Parkett berichten. Die Börse kann übrigens auch über das Besucherzentrum kostenlos besichtigt werden, wobei man eine Menge über die Entstehung der Frankfurter Börse und den Kapitalmarkt erfährt. Definitiv eine Empfehlung, um neue Einblicke zu gewinnen.

Neben diesen reinen Finanzbörsen existieren außerdem die sogenannten „Waren- bzw. Rohstoffbörsen", an denen Mais, Kaffee, Sojabohnen und andere Rohstoffe gehandelt werden. Eine der bekanntesten Börsen in diesem Bereich ist das *Chicago Board of Trade (CBOT)*, wo hauptsächlich Getreide gehandelt wird. Für alle, die privat anlegen, spielen diese Börsen allerdings eine eher untergeordnete Rolle und sind für den persönlichen Vermögensaufbau mit Aktien und ETFs weniger bedeutsam.

MIT BÖRSE HABE ICH NICHTS AM HUT!

Warum diese Aussage nicht richtig ist, möchte ich anhand meiner letzten Zugfahrt beschreiben. In der Sitzreihe vor mir hatte sich eine junge Familie ausgebreitet. Der Sohn quengelte, und die Mutter öffnete eine Tüte Haribo. Stille! Der Vater war derweil mit seinen Noise-Cancelling-Kopfhörern auf den Ohren eingenickt.

Was hat das nun bitte mit der Börse zu tun? Der das Zugabteil erfüllende Duft der Colaflaschen stammt von einem börsennotierten Duft- und Aromenhersteller. Eine spannende Branche, zu denen Unternehmen wie die deutsche Symrise AG, der Schweizer Platzhirsch Givaudan und auch das amerikanische

Unternehmen IFF gehören. Solche Hersteller feilen übrigens auch an der Geruchskomposition für einen Neuwagen, und somit zählen auch Unternehmen wie Mercedes-Benz, BMW und Audi zur Kundschaft, wie auch zahlreiche weitere Produzenten aus der Süßwarenindustrie und der allgemeinen Lebensmittelbranche.

Zurück zum Zugabteil: Die Kopfhörer des Vaters stammen ebenfalls von einem börsennotierten Hersteller, dem großen Player Sony mit Hauptsitz in Tokio. Und wer stellt eigentlich die Plastikverpackung der Haribo-Süßigkeiten her? Einige der Verpackungskomponenten oder Rohstoffe für die Verpackung könnten beispielsweise von der BASF aus Deutschland kommen oder von Dow Inc. aus den USA. Bis zum fertigen Produkt können unzählige Unternehmen beteiligt sein, die alle an einer bestimmten Stelle ihren Teil zum Herstellungsprozess beitragen.

Der Laptop, auf dem ich diese Zeilen schreibe, stammt von einem der derzeit wertvollsten an der Börse gelisteten Unternehmen der Welt, Apple. 2,35 Billionen US-Dollar ist die Firma im April 2023 wert. Genau genommen und ausgeschrieben 2 349 927 000 000,00 $, in Worten zwei Billionen dreihundertneunundvierzig Milliarden neunhundertsiebenundzwanzig Millionen US-Dollar. Mein Smartphone (Google Pixel) wurde im Gegensatz dazu vom Internetriesen Alphabet entwickelt und verkauft, im Jahr 2023 1,36 Billionen US-Dollar wert. Der Prozessor in diesem Gerät wurde vom südkoreanischen Unternehmen Samsung (ca. 305 Milliarden Euro) gefertigt. Möglicherweise auf Maschinen des niederländischen Unternehmens ASML (238 Milliarden Euro). Die Materialien, die die Niederländer zur Produktion ihrer Maschinen benötigen, könnten wiederum von der Siltronic AG (1,96 Milliarden Euro), einem weltweit führenden Produzenten von Wafern aus Reinstsiliziums, stammen. Das Unternehmen ist seit Jahrzehnten Partner vieler großer Halbleiterhersteller.

Dieses Spiel lässt sich unendlich fortführen. Irgendwann landet man bei Unternehmen wie Rio Tinto (95 Milliarden brit. Pfund), die Rohstoffe und seltene Erden aus dem Boden holen, und selbst dann könnte man wieder von vorne anfangen, wenn man betrachtet, dass die ihr Geschäft nur so effektiv durchführen können, weil sie auf Baufahrzeuge von Caterpillar (116 Milliarden US-Dollar) zurückgreifen. Zurück zu den naheliegenden Dingen: Hinter dem Hersteller meiner Brille steckt das Unternehmen Fielmann (3,3 Millarden Euro). Oft verbergen sich hinter ganz alltäglichen Dingen, die auf den ersten Blick langweilig erscheinen, sehr profitable Geschäftsmodelle. Man muss nur mit offenen Augen durchs Leben gehen.

Wenn wir diese Unternehmen und die von mir genannten Zahlen miteinander vergleichen, fällt auf, dass es hier deutliche Unterschiede gibt. Der Börsenwert eines Unternehmens errechnet sich aus der Anzahl der ausgegebenen Aktien multipliziert mit dem aktuellen Aktienkurs. Dieser Börsenwert wird auch als „Marktkapitalisierung" bezeichnet und entspricht damit dem theoretischen Preis, den ein Käufer für alle ausstehenden Aktien eines Unternehmens, also für eine vollständige Übernahme, zahlen müsste. Welche Unterschiede es bei den verschiedenen Größenordnungen gibt, kannst du im Glossar nachschlagen.

Die Marktkapitalisierung dient der groben Einordnung der Größe eines Unternehmens und dem Vergleich mit anderen Unternehmen. Man unterscheidet zwischen Large, Mid, Small und Micro Caps. („Cap“ ist die englische Abkürzung für Kapitalisierung.)

Wenn auch das „Entdecken“ eines Produkts aus einem börsennotierten Unternehmen im eigenen Alltag natürlich noch keinerlei Aussagekraft oder Qualitätsmerkmal besitzt, ist es doch eine einfache und zugleich spannende Herangehensweise, auf neue Gedanken und Ideen zu kommen und einen anderen Blickwinkel zu schaffen.

Solche Gedanken können wir uns jederzeit machen: Welche Firma steckt eigentlich hinter dem Einkaufswagen im Supermarkt? Wer produziert die Rollen des Wagens? Und welcher Dienstleister wickelt wohl die meisten bargeldlosen Zahlungen an der Kasse ab? Worauf es dann weiter ankommt, wenn man sich die Qualität der Unternehmen und zugehörigen Aktien ansieht, darauf gehen wir im späteren Verlauf dieses Buches noch ein.

Fest steht aber: Die Börse und ihre Unternehmen umgeben uns ohnehin jeden Tag – wir müssen nur hinsehen.

WIE KOMMT EINE AKTIE ÜBERHAUPT AN DIE BÖRSE?

Börsengänge sind für uns Privatanleger häufig spannend, denn ein neues Unternehmen rückt in den Fokus der Anlegerinnen und Anleger und vergrößert die ohnehin schon riesige Auswahl an börsengelisteten Unternehmen. Insbesondere in den USA ist die Aktienkultur ausgeprägt, und für einen Großteil der Unternehmen ist der Börsengang ein wichtiges und bedeutendes Ziel.

In Europa und auch in Deutschland ist diese Kultur dagegen etwas weniger stark vorhanden. Schade, denn für manche deutsche Firma wäre ein Börsengang aus meiner Sicht sehr spannend! Ich hätte sehr gerne die Möglichkeit, Aktien von Lidl, Aldi oder Bosch kaufen zu können. Aber bisher sieht alles danach aus, dass diese Unternehmen in privater Hand bleiben.

Aus unternehmerischer Sicht kann ich gut nachvollziehen, warum Gründerinnen und Gründer ihr Unternehmen lieber ohne eine Börsennotierung weiterführen. Schließlich bedeutet ein Börsengang auch, dass die neuen Inhaberinnen und Inhaber von Unternehmensanteilen durch ihr Stimmrecht auf Entscheidungen und Strategie Einfluss nehmen können.

Ein Börsengang ist aber auch eine hervorragende Möglichkeit für ein Unternehmen, durch die Ausgabe von Aktien frisches Kapital für Investitionen und die weitere Unternehmensentwicklung zu generieren. Der Börsengang, auch Initial Public Offering (IPO) genannt, ist der erstmalige Verkauf von Unternehmensanteilen an die Öffentlichkeit. Auch wenn es für Anleger verlockend sein mag, sich an dem Hype um einzelne Börsengänge zu beteiligen, ist es nicht selten so, dass diese Aktien bei aller

Euphorie anfangs zu teuer bewertet sind und sich im ersten Jahr an der Börse im Vergleich zum ersten Kurs, also dem Preis, zu dem sie erstmals gehandelt wurden, unterdurchschnittlich entwickeln. So kommt es, häufiger als man denken würde, vor, dass nach einem Börsengang innerhalb von zwei Jahren Verluste gemacht werden. Ein Grund dafür kann darin liegen, dass sich ein Unternehmen nur dann für die Ausgabe von Aktien zur Kapitalbeschaffung entscheidet, wenn die Bewertung des Unternehmens und damit das Angebot zu diesem Zeitpunkt besonders attraktiv ist und besonders viele Menschen das Unternehmen für ein lohnendes Investment halten.

Auch wenn die Börse langfristig zu positiven Renditen tendiert, können die Kursschwankungen kurzfristig sehr stark sein. Unternehmen versuchen daher, in Phasen mit guten Aussichten oder sogar Übertreibungen an den Markt zu gehen. Übertreibungen nennt man Kursanstiege, die anhand der reinen Zahlen nicht zu rechtfertigen sind. Sie können auftreten, wenn extreme Ereignisse passieren oder Emotionen wie Angst oder Gier die Marktstimmung beherrschen.

Ein Beispiel dafür ist die Phase um den sogenannten „Neuen Markt" um die Jahrtausendwende herum. Aktien von Unternehmen, die auch nur im Entferntesten mit dem Internet zu tun hatten, schossen in ungeahnte Höhen. Anlegerinnen und Anleger schienen bereit, buchstäblich jeden Preis dafür zu zahlen.

Man nennt eine solche Phase der stetig steigenden Kurse auch einen „Bullenmarkt", wobei der „Neue Markt" eher mit einer Hysterie oder Euphorie zu beschreiben ist. In solchen Phasen ist die Wahrscheinlichkeit sehr hoch, dass eine Aktie, die zu einer extrem hohen Bewertung gehandelt wird, in den nächsten

Jahren fällt. Dieses Prinzip wird auch „Regression zur Mitte“ genannt und spielt tatsächlich in sehr vielen Bereichen unseres Lebens eine Rolle – oft, ohne dass wir uns dessen bewusst sind.

An einem Beispiel möchte ich dir das erklären – am Tennisturnier in Wimbledon! Alle Teilnehmer spielen hier auf einem extrem hohen Niveau, an der Weltspitze, und theoretisch hat jeder das Potenzial, den anderen zu schlagen und als Sieger vom Platz zu gehen. Wenn ein Spieler A am ersten Tag unglaublich gut spielt und für die anderen unschlagbar scheint, und ein Spieler B am selben Tag einfach nicht ins Spiel kommt und seine Leistung nicht abrufen kann, dann ist die logische Schlussfolgerung für den zweiten Tag, dass Spieler A wahrscheinlich schlechter spielen wird als am ersten Tag und Spieler B sehr wahrscheinlich besser. Dies sagt zunächst nichts darüber aus, wer das Spiel an Tag 2 gewinnen wird, sondern ist lediglich ein Effekt, der sich aus der Regression zur Mitte ergibt. Beide Spieler werden sich wahrscheinlich ihrer durchschnittlichen Performance annähern. Dasselbe gilt für die Aktien und ihre Bewertungen, die nach Ausschlägen immer wieder eine Annäherung an den langfristigen Trend aufweisen.

Die „Regression zur Mitte“ beschreibt das Phänomen, dass nach einem extrem hohen Wert der nächste gemessene Wert wieder näher am Mittelwert liegt.

Ich greife hier einmal die Bewertungskennzahl KGV heraus. Die Abkürzung steht für „Kurs-Gewinn-Verhältnis" und setzt den aktuellen Aktienkurs eines Unternehmens ins Verhältnis zum Gewinn pro Aktie. Ein besonders hohes KGV von zum Beispiel 80 deutet auf eine hohe Bewertung bzw. ein sehr hohes erwartetes Wachstum des Unternehmens hin, während eine sehr niedrige Bewertung auf ein niedriges Wachstum schließen lässt. Betrachtet man nun die Entwicklung des KGVs eines Unternehmens in den letzten zehn Jahren, so zeigt sich, dass es bei vielen Unternehmen Phasen gab, in denen die Aktie sehr hoch bewertet war, und Phasen, in denen die Bewertung sehr niedrig („günstig") war. Die Regression zum Mittelwert führt jedoch auch beim KGV dazu, dass sich das Unternehmen im Laufe der Zeit immer mehr dem Mittelwert annähert. Wichtig zu wissen ist dabei, dass die Kennzahl ein Werkzeug von vielen ist, um den Wert eines Unternehmens zu bestimmen, und es sich dabei um einen Blick in den Rückspiegel handelt. Denn hohe Gewinne, die in der Vergangenheit erzielt wurden, können nicht zwangsläufig in die Zukunft fortgeschrieben werden.

Um das Ganze an einem Beispiel festzumachen: Wenn eine Aktie aktuell an der Börse zum Kurs von 160 € gehandelt wird und das Unternehmen im letzten Jahr einen Gewinn von 2 € pro Aktie erwirtschaftet hat, ergibt sich folgende Rechnung: $160 \div 2 = 80$. Das KGV dieser Aktie beträgt 80. In anderen Worten: Es würde 80 Jahre dauern, bis das Unternehmen den Kaufpreis der Aktie erwirtschaftet hat – zumindest unter der Annahme, dass der Gewinn nicht mehr wachsen sollte.

Wann man von einem hohen oder niedrigen KGV spricht und was diese Kennzahl bedeutet, erfährst du im Kapitel „Die Analyse – so packst du's an" (ab S. 101).

Zurück zum Börsengang selbst: Neben dem Anreiz fürs Unternehmen, durch die Ausgabe von Aktien an flüssige Gelder zu kommen, gibt es weitere Profiteure eines Börsengangs, z. B. Investmentbanken, die u. a. aufgrund ihrer Analysen den ersten Kurs (Ausgabepreis) des Unternehmens festlegen. Vor dem IPO wird das Unternehmen „auditiert", das bedeutet, es wird geprüft, ob es alle Regeln und Standards für eine Börsennotierung erfüllt. Dabei wird zwischen einer rechtlichen, wirtschaftlichen und organisatorischen Börsenreife unterteilt. Ein Unternehmen muss also neben formalen Kriterien, wie beispielsweise, dass mindestens 10 000 Aktien ausgegeben werden können, auch mit soliden Finanzen und einer aussichtsreichen Positionierung überzeugen können. Die Ergebnisse werden der zuständigen Börsenaufsicht vorgelegt, die sie nochmals prüfen und ihr „Okay" geben muss. Danach kann die Aktie zum Handel an der Börse zugelassen werden. Es ist daher wichtig, vor einer Investition in neu ausgegebene Aktien, auch Neuemission genannt, sorgfältig zu recherchieren und die damit verbundenen potenziellen Risiken zu berücksichtigen. Auf keinen Fall sollte man sich von euphorischer Berichterstattung oder dem Reiz des Neuen zu einer unüberlegten Investition verleiten lassen. Natürlich ist es möglich, dass sich ein IPO langfristig auszahlt, aber ich habe für mich mittlerweile die Faustregel aufgestellt, frühestens nach einem Jahr in Aktien zu investieren, die neu an die Börse gekommen sind. Die Investition in ein etabliertes Unternehmen mit nachgewiesener Erfolgsbilanz bietet hier in meinen Augen ein höheres Maß an Verlässlichkeit.

Nicht umsonst hat sich für das Kürzel IPO der etwas zynische Spruch „IPO = It's Probably Overpriced" eingebürgert: Die Aktien der Neuemission sind wahrscheinlich viel zu teuer.

Ich habe bisher an zwei IPOs teilgenommen – vor allem, um den Ablauf kennenzulernen und meine Erfahrungen zu dokumentieren. Generell würde ich sagen, dass man eine Aktie nach dem IPO erst einige Quartale lang beobachten sollte. In manchen Fällen wird man feststellen, dass eine Investition zum Zeitpunkt des IPOs nicht schlecht gewesen wäre, aber in den meisten Fällen kann man die Aktie nach einiger Zeit zu einem viel niedrigeren Preis kaufen, wenn das Unternehmen immer noch interessant ist.

Ich selbst setze potenziell interessante Unternehmen nach dem IPO auf meine Beobachtungsliste (Watchlist), um sie nicht aus den Augen zu verlieren. Die Erstellung einer solchen Watchlist ist bei den meisten Depotanbietern direkt online möglich.

ANGEBOT UND NACHFRAGE BESTIMMEN DIE AKTIENKURSE

Das Prinzip von Angebot und Nachfrage ist schnell erklärt: Der Preis eines Produkts steigt, wenn die Nachfrage steigt. Zumindest dann, wenn das Angebot konstant bleibt. Das lässt sich ganz einfach am Beispiel eines Wochenmarktes veranschaulichen. Bauer Heiko stellt jeden Samstag seinen Obststand in der nahe gelegenen Innenstadt auf und verkauft frische Äpfel und saisonales Obst. Er stellt fest, dass seine Äpfel immer schon nach einer Stunde ausverkauft sind und er für den Rest des Tages ohne Äpfel dasteht. Er hat nun zwei Möglichkeiten: Entweder er erhöht das Angebot, er versucht also, noch mehr Äpfel anzubauen, zu ernten und zu verkaufen, oder er erhöht die Preise für das bestehende Angebot an Äpfeln. Wenn die Äpfel teurer werden,

werden einige Kunden vielleicht statt Äpfeln Birnen kaufen oder Äpfel von Bauer Bernd kaufen, die vielleicht weniger saftig schmecken, aber etwas günstiger zu haben sind. Andere werden die höheren Preise akzeptieren und weiterhin ihre Lieblingsäpfel von Bauer Heiko kaufen.

An der Börse ist es ähnlich: Es gibt nur eine bestimmte Anzahl von Aktien eines Unternehmens. Wenn nun ein Ereignis dazu führt, dass die Aktie des Unternehmens besonders gefragt ist, z. B. wenn es eine Innovation angekündigt hat, die höhere Gewinne verspricht, könnten mehr Personen die Aktie des Unternehmens attraktiv finden und kaufen wollen. Eine erhöhte Nachfrage trifft also auf ein begrenztes Angebot.

Zuletzt konnten wir das bei Unternehmen rund um die Themen künstliche Intelligenz (AI) beobachten: Positive Erwartungen und Zukunftsfantasien führten zu höherer Nachfrage der Aktien. Gleichzeitig werden die Aktienbesitzer aufgrund der guten Nachrichten ihre Anteile nicht zum ursprünglichen Preis verkaufen wollen, es werden also höhere Preise aufgerufen. Die Folge ist ein steigender Aktienkurs.

Letztendlich spielt noch eine Vielzahl von Einflüssen beim Preis bzw. Kurs von Aktien eine Rolle, für das allgemeine Verständnis von Angebot und Nachfrage kannst du dich aber immer an das Wochenmarkt-Beispiel erinnern.

Der Preis und Kurs einer einzelnen Aktie wird durch das Prinzip von Angebot und Nachfrage bestimmt.

Aktien verkaufen und kaufen können wir als Privatpersonen ebenso wie institutionelle Anleger, zum Beispiel Stiftungen oder Pensionskassen. An den Kapitalmärkten, also den internationalen Börsen, laufen alle Kauf- und Verkaufsangebote zusammen. Wenn mehr Marktteilnehmer und -teilnehmerinnen kaufen als verkaufen wollen, steigt der Kurs einer Aktie. Ist das Gegenteil der Fall, sinkt der Kurs. Die oft naheliegende Vorstellung, dass es bei fallenden Kursen mehr Verkäufer als Käufer gibt, ist also falsch, der Schritt davor, die Nachfrage, ist entscheidend. Für jeden Kauf und Verkauf wird eine Gegenpartei gesucht.

Bei Aktien großer und bekannter Unternehmen (auch „Blue Chips" genannt) gibt es viele Interessierte, sodass schnell eine geeignete Gegenpartei gefunden wird. Bei kleineren Unternehmen, den sogenannten „Small Caps", kann es auch mal länger dauern, einen passenden Käufer oder Verkäufer zu finden.

Der Großteil des deutschen Aktienhandels wird heute über Xetra, das elektronische Handelssystem der Deutschen Börse, abgewickelt. Dabei handelt es sich um ein vollelektronisches System, das Kauf- und Verkaufsaufträge automatisch zusammenführt. Neben Xetra gibt es zahlreiche weitere Börsen und angeschlossene Handelsplätze, an denen Aktien gekauft und verkauft werden können.

GOOD TO KNOW | Angebot und Nachfrage hängen von unterschiedlichen und teils nicht messbaren Einflüssen ab, wie etwa von den Emotionen, der Stimmung oder auch dem Liquiditätsbedarf einzelner Personen. Auch diese Faktoren fließen letztlich in den Kurs einer Aktie mit ein. Darum gibt es Aktien, die über viele Jahre hinweg zu einem

Kurs gehandelt werden, der völlig ungerechtfertigt und anhand der Unternehmenszahlen nicht nachvollziehbar ist. Das gilt sowohl für „zu teure" als auch für „zu günstige" Aktien. Im Sommer 2023 war das zum Beispiel bei dem Hype um Nvidia-Aktien zu beobachten. Vielmehr dürften auch hier Emotionen wie Gier und sehr hohe Erwartungen an die Zukunft Gründe für den schnellen Anstieg gewesen sein.

WAS IST EINE DIVIDENDE?

Steigende und fallende Kurse, Gewinne und neue Aktien – jetzt haben wir uns schon viel mit den Mechanismen der Börse beschäftigt, aber ein Thema fehlt noch. Ganz am Anfang des Buches habe ich meinen Weg an die Börse beschrieben und auch, dass meine erste Dividende maßgeblich dazu beigetragen hat, mich weiter mit dem Thema zu befassen. Schauen wir uns an, was eine Dividende eigentlich ist!

Eine Dividende ist eine Ausschüttung des Unternehmens an seine Aktionärinnen und Aktionäre. Unternehmen, die profitabel arbeiten und somit mehr Gewinn erwirtschaften, als sie beispielsweise für eigene Investitionen und Rücklagen benötigen, können sich dazu entscheiden, dieses Geld an ihre Anlegerinnen und Anleger auszuzahlen und sie dadurch am Gewinn des Unternehmens zu beteiligen. Die Dividende ist oft (aber nicht immer) auch ein Zeichen dafür, dass ein Unternehmen erfolgreich wirtschaftet und in der Lage ist, regelmäßig Gewinne einzufahren. Stetige Dividenden tragen auch dazu bei, schwankende Kurse der

Aktien etwas auszugleichen, da sie zur Gesamtrendite deines Investments beitragen.

Wenn du z. B. mit einer Aktie über vier Jahre einen Kursgewinn von 30 % erzielt hast und gleichzeitig jedes Jahr Dividenden erhalten hast, dann erhöhen diese Dividenden deine Gesamtrendite. Wenn du in den vier Jahren mit der Aktie bzw. der Kursentwicklung einen Verlust gemacht hast, die Aktie also weniger wert ist als der Kurs, zu dem du sie gekauft hast, können die Dividenden diesen Kursverlust teilweise ausgleichen.

Dass ein Unternehmen profitabel arbeitet, ist jedoch keine Voraussetzung für die Ausschüttung einer Dividende. Es gibt genügend Beispiele von Unternehmen, die sich rein zahlenmäßig eigentlich keine Dividende leisten könnten und dennoch eine ausschütten. Es ist daher immer wichtig, nicht nur eine einzelne Kennzahl wie z. B. eine hohe Dividendenrendite zu betrachten, sondern immer das Gesamtbild.

Übrigens: Die Dividende wird immer für den Zeitraum eines Jahres angegeben. Ein Unternehmen, das die Dividende vierteljährlich ausschüttet, wie es z. B. bei amerikanischen Unternehmen üblich ist, würde den Jahresbetrag auf vier Ausschüttungen aufteilen. Angenommen, die Dividende beträgt 2,40 € und der Aktienkurs liegt das ganze Jahr über bei genau 80 €, dann wäre die Dividendenrendite konstant 3 %. Die Dividende von 2,40 € pro Aktie würde dann auf vier Quartale verteilt, also vier Zahlungen à 0,60 €. Es würden also nicht viermal 2,40 € ausgeschüttet werden.

Tiefer steigen wir im Kapitel „Die Dividende" (ab S. 126) ins Thema ein.

Die Dividende allein sagt nichts über die Qualität eines Unternehmens aus.

OHNE INDEX GEHT NIX

Bevor wir in den Praxisteil einsteigen und es um das Investieren geht, fehlt uns jetzt noch ein wichtiger Baustein, auf dessen Grundlage die kommenden Themen aufbauen werden: Der Index!

Wenn im Bereich der Börse von einem Index gesprochen wird, ist in der Regel ein Aktienindex gemeint. Es gibt daneben auch Indizes für Rohstoffe, Anleihen oder Immobilien. Man könnte einen Index als eine Kennziffer oder eine Tabelle beschreiben, die die Performance oder die Kursentwicklung von mehreren zusammengefassten Aktien darstellt. Der Index ist also ein Korb aus verschiedenen Wertpapieren, der sich je nach den enthaltenen Aktien grundlegend unterscheiden kann.

Um das zu veranschaulichen, gebe ich dir ein Beispiel: Stell dir vor, du liest die Rückseite einer Müslipackung und findest heraus, wie viele gute Sachen in der bunten Mischung stecken. Dieses Müsli ist vergleichbar mit einem Aktienindex, nur nehmen wir statt Zutaten Aktien.

So wie auf dem Müsli „Eiweiß“, „Fett“ und „Kohlenhydrate“ stehen, findest du im Index verschiedene Unternehmen wie „Apple“, „Microsoft“ und „Amazon“. Wenn sich die meisten Unternehmen gut entwickeln, steigt der Index, so wie mehr Eiweiß und gesunde Zutaten dein Müsli nahrhafter machen. Aber jetzt kommt der Trick – manchmal schmeckt ein Müsli richtig lecker, weil viel Zucker drin ist. Und das ist wie bei Firmen, die nicht wirklich gut sind, aber trotzdem kurzfristig hohe Gewinne machen. Diese Unternehmen sind wie der süße Geschmack im Müsli – sie sind nicht wirklich gut für dich (oder die Wirtschaft), obwohl sie vorübergehend gut schmecken.

Die Kalorienzahl auf der Müslipackung ist wie der Gesamtindexwert – je mehr Kalorien, desto mehr Energie. Wenn der Indexwert steigt, bedeutet das, dass die Wirtschaft boomt. Fällt er, gibt es wahrscheinlich Probleme.

Im Grunde ist der Aktienindex also ein kleiner Bericht darüber, wie gut unser Wirtschaftsmüsli schmeckt. Manchmal sieht es gut aus, aber unter der Oberfläche können Probleme schlummern.

GOOD TO KNOW | Ein Index bezieht sich nicht immer auf die gesamte Wirtschaft, sondern kann auch für spezielle Themenbereiche wie Biotechnologie, Wasserstoff, Gaming oder künstliche Intelligenz erstellt werden. Oft tauchen Indizes „zufälligerweise" gerade dann auf, wenn der entsprechende Bereich oder eine neue Technologie für Aufsehen sorgt. Viel bekannter und wichtiger für deinen Vermögensaufbau sind jedoch weltweit aufgestellte Indizes, auf die wir jetzt zu sprechen kommen.

Generell werden Indizes in zwei Kategorien eingeteilt: zum einen in Kursindizes, welche die Entwicklung der Kurse der enthaltenen Aktien abbilden, und zum anderen in Performance-Indizes.

Letztere bilden nicht nur die Kursentwicklung ab, sondern die gesamte Wertentwicklung der enthaltenen Aktien. Das fällt insbesondere dann ins Gewicht, wenn Aktien Dividenden ausschütten. In einem Kursindex würde die Dividende nach der Ausschüttung nicht weiter berücksichtigt werden, in einem Performance-Index trägt sie jedoch zu einer besseren Performance bzw. einer Wertsteigerung bei.

International gibt es eine Vielzahl von Unternehmen, deren hauptsächliche Tätigkeit darin besteht, sich Indizes, also Mischungen von z. B. Aktien aus dem Bereich Gesundheitswesen, zu überlegen und diese zu erstellen. Die bekanntesten Indexanbieter sind MSCI, S&P und FTSE Russell.

Aus einem solchen Index können wiederum Produkte entstehen, die dessen Wertentwicklung abbilden. Vielleicht hast du schon einmal die Abkürzung „ETF" gehört, auf die wir im nächsten Kapitel genauer eingehen werden.

Die Indexanbieter selbst sind übrigens nicht zwingend auch die Herausgeber eines ETFs. Der ETF-Herausgeber greift also auf die Daten des Indexanbieters zurück, um daraus einen ETF zu erstellen. Er verwendet den Index quasi als Zutatenliste, um beim Müsli-Beispiel zu bleiben. Bekannte ETF-Herausgeber sind etwa die Vanguard Group mit den gleichnamigen Vanguard-ETFs oder auch Blackrock mit den iShares-ETFs.

Ich möchte das Prinzip Index noch einmal anhand unseres heimischen DAX erläutern. Der Deutsche Aktienindex (DAX) wird von der Deutschen Börse ausgegeben, berücksichtigt derzeit die 40 größten und umsatzstärksten deutschen Aktien und wird auch als Performance-Index berechnet. Das ist etwas Besonderes, denn viele wichtige Leitindizes werden als Kursindex berechnet, so auch der amerikanische Bruder des DAX, der Dow Jones.

Die Deutsche Börse führte den DAX im Juli 1988 mit einem Startwert von 1 000 Indexpunkten ein. Ursprünglich als Ergänzung zu anderen Indizes gedacht, hat er sich zum anerkannten Leitindex für den deutschen Aktienmarkt entwickelt, der auch international Beachtung findet.

Quelle: https://qontigo.com/index/dax/

Man sieht an den Punkten, wie sich der DAX im Vergleich zu seinem Startpunkt im Jahr 1988 entwickelt hat. Damals wurde der Startpunkt auf 1 000 Punkte – auch Zähler genannt – festgeschrieben. Die Punkte zeigen an, wie sich der DAX seit seiner Gründung entwickelt hat. Wenn die Börse heute bei 600 Punkten schließen würde, dann wäre der DAX-Wert niedriger als 1988. Wenn er aber bei 15 000 Punkten schließt, dann ist der DAX insgesamt seit 1988 auf das Fünfzehnfache gestiegen. Der bekannte US-Index S&P 500 wurde zum Beispiel 1943 mit einem Startwert von zehn Indexpunkten erstellt. Heute steht der Index deutlich über 5 000 Punkten.

Bis zum heutigen Tage ist der Wert des DAX über die Zeit immer weiter gestiegen, auch wenn es zwischenzeitlich Rückschritte gab. „Punkte“ kannst du dir in diesem Zusammenhang auch als „Zähler“ vorstellen. Wenn es in den Nachrichten heißt, dass der DAX im Vergleich zu gestern um 2 % gestiegen ist, dann ist damit einfach der Punktestand von gestern gemeint. Die Punkte sind sozusagen eine Art Zähler für die Entwicklung des DAX.

Um einen Index wie den DAX zu bilden, müssen Aktienkurse zusammengefasst werden. Die Gewichtung der Aktien im DAX erfolgt nach der Marktkapitalisierung des Streubesitzes. Das bedeutet, dass nur der Wert der frei handelbaren Aktien (Streubesitz) und nicht der gesamte Börsenwert eines Unternehmens berücksichtigt wird. Anteile von mindestens 5 % eines Unternehmens, die Großaktionäre und -aktionärinnen halten, gelten als Festbesitz und werden im DAX nicht berücksichtigt. Je höher der Streubesitz ist, desto höher ist also tendenziell die Gewichtung im Index, wobei eine Indexgewichtung von 15 % im DAX als obere Grenze angegeben ist. Kein einzelnes Unternehmen kann also höher gewichtet werden als diese Grenze, unabhängig davon, wie positiv die Entwicklung selbst sein mag.

Wie die Indizes generell, gibt es auch den DAX in zwei Varianten: den Performance-Index und den Kursindex. Der Performance-Index, der meist gemeint ist, wenn vom DAX die Rede ist, berücksichtigt neben den Kurssteigerungen auch die ausgeschütteten Dividenden. Der Kursindex hingegen berechnet den Indexstand ausschließlich auf Basis der Aktienkurse, Dividendenzahlungen und Kapitalveränderungen fließen nicht ein. Im Vergleich zum Performance-Index ist der Kursindex daher tendenziell niedriger.

Der letzte und größte Einbruch des DAX kündigte sich am 9. März 2020 an, als sich das Coronavirus in Deutschland immer weiter ausbreitete. An diesem Tag fiel der Index um 10 % von 11 550 auf 10 300 Punkte. Am 12. März 2020 fiel er um weitere 12 % auf 9 200 Punkte. Einige Jahre später wurden dann schon wieder die nächsten Höchststände erreicht, so lag zum Beispiel der Jahreshöchststand des DAX im Jahr 2023 bei 16 794 und 2025 bereits bei 24 611 Punkten.

Nachdem wir einige Fakten über Indizes, deren Eigenschaften und Entstehung gelesen haben, starten wir jetzt mit dem Praxisteil! Zunächst schauen wir uns die Welt der ETFs näher an. Die ganze Weltwirtschaft lässt sich im Prinzip mit einem oder zwei ETFs komplett abbilden, aber ich finde es spannend, einen Überblick über die Indizes einzelner Länder zu erhalten. Für all diese Indizes gibt es ebenfalls ETFs. Wenn dir ein einziger ETF nicht genügt, kannst du auch verschiedene ETFs kombinieren und so die Gewichtung einzelner Länder in deinem Gesamtportfolio individuell bestimmen.

GOOD TO KNOW | Im Glossar (ab S. 213) habe ich dir noch einmal einen Überblick der verschiedenen Indizes erstellt. Hier findest du weltweit aufgestellte Indizes (z.B. FTSE All-World, MSCI ACWI – All-Countries-World-Index), Industrieländer (z.B. FTSE Developed World, MSCI World), Schwellenländer (z.B. FTSE Emerging Marktes, MSCI EM – Emerging Markets) und auch Deutschland (z.B. DAX, MDAX), die USA (z.B. Dow Jones, NASDAQ-100), Europa (z.B. EURO STOXX 50, CAC 40) und Asien (z.B. Shanghai Composite, CSI 300) als Übersicht.

KAPITEL II

INVESTIEREN

In diesem Kapitel werden wir uns zunächst mit den Grundlagen von ETFs beschäftigen, einer einfachen und kostengünstigen Möglichkeit, mit dem Investieren zu starten. Gleich danach machen wir uns auf den Weg in Richtung einzelne Aktien. Mach es dir gemütlich, denn unsere gemeinsame Reise in die Welt der Börse beginnt jetzt!

ETF – DER AKTIEN-BLUMENSTRAUSS

Um auf einfache Weise zu verstehen, was ein ETF ist, hilft uns ein Blumenstrauß als Metapher: Die Blumen sind in diesem Bild die einzelnen Aktien, die den Hauptbestandteil des Straußes ausmachen und in großer Vielfalt auftreten können. Das Band oder der Draht, der all diese Blumen zusammenhält und sie erst zu einem Strauß macht, ist das Konstrukt des ETFs. Warum ETFs eine simple, kostengünstige und intelligente Möglichkeit sind, in Aktien zu investieren, möchte ich dir jetzt erklären.

ETF BILDLICH ERKLÄRT

Gruppe von Wertpapieren wird zusammengefasst.

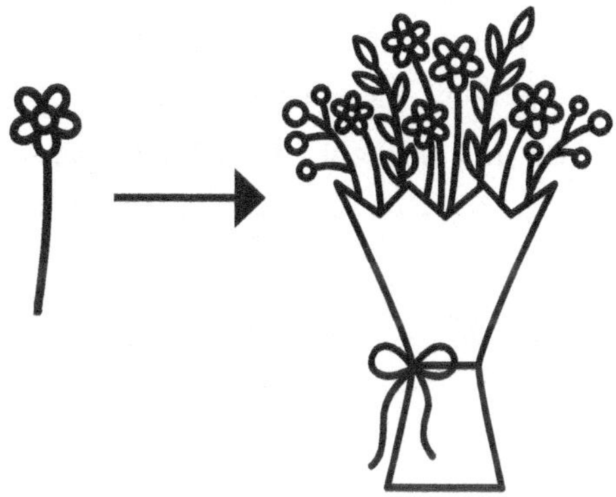

Mit einem ETF kauft man automatisch die Aktien des zugrunde liegenden Index.

Ein ETF bietet den enormen Vorteil, sich mit dem Kauf eines einzigen Produkts an einer Vielzahl von Unternehmen beteiligen zu können. Eine detaillierte Analyse der einzelnen Aktien ist in der Regel bei weltweit gestreuten Produkten nicht nötig, da die Gewichtung einer einzelnen Aktie im Portfolio recht gering ist und damit der Einfluss dieses einen Wertpapiers vergleichsweise klein ist. Das Stichwort lautet hier Diversifikation, was bedeutet, das investierte Geld auf mehrere Unternehmen bzw. Aktien zu streuen.

Der erste börsengehandelte ETF, der in den USA notiert wurde, war 1993 der SPDR S&P 500 (SPY). Der SPY bildet den Standard & Poor's (S&P) 500 Index ab, der sich aus den 500 größten US-Aktien zusammensetzt. Bis heute ist der SPY der wohl bekannteste ETF weltweit.

Um am Kapitalmarkt möglichst sicher unterwegs zu sein, versucht man das Risiko von Verlusten zu minimieren. Schon Investoren-Legende Warren Buffett fasste dies in zwei einfachen Regeln zusammen:

Regel Nr. 1: Verliere kein Geld.

Regel Nr. 2: Vergiss Regel Nr. 1 nicht.[2]

Die einfachste und sicherste Art, diesen Regeln zu folgen, ist, in mehrere Aktien zu investieren, anstatt lediglich alles auf eine oder nur wenige Karten zu setzen. Deshalb hätte auch mein Beispiel zu Beginn, das ganze Geld nur in BMW-Aktien zu investieren, ein absolut verrücktes Risiko bedeutet.

Ein ETF macht das vollkommen automatisch für dich. Diversifikation bedeutet also Risikostreuung – aber aufgepasst, nicht jeder ETF ist automatisch gut diversifiziert. Ich habe vorhin bereits von den Themen-Indizes gesprochen. An diese angelehnt, gibt es Themen-ETFs, die in Unternehmen investieren, die einem bestimmten Bereich, einer Branche oder eben einem Thema zugeordnet werden können.

Beispielhaft nehmen wir mal das Thema „Wasserstoff" und

2 https://www.youtube.com/watch?v=rPFjmeoadlo

stellen uns ein Investment in einen passenden ETF vor. Zwar ist auch hier dein Geld auf mehrere Unternehmen aufgeteilt – die Anzahl kann von Themen-ETF zu Themen-ETF abweichen, oft sind es zwischen 30 und 90 verschiedene Aktien. Allerdings sind all diese Unternehmen in ein und derselben Branche tätig, sodass es sehr wahrscheinlich ist, dass viele der Unternehmen eine schlechte Performance aufweisen, wenn es negative Entwicklungen zum Thema Wasserstoff im Allgemeinen gibt, genau wie alle positiv reagieren könnten, wenn es positive Meldungen gibt. Hier kann es schnell zu einem sogenannten Klumpenrisiko kommen, d.h. zu einer zu starken Fokussierung auf einen einzigen Bereich.

Um eine gute Diversifikation zu erreichen, ist es also zwingend notwendig, das eigene Depot, also die Gesamtheit der Geldanlagen mit Aktien aus verschiedenen Sektoren und Branchen sowie verschiedenen Ländern zu bestücken. Das Depot so zu strukturieren klingt erst mal sehr umfangreich und nach extrem viel Aufwand, aber genau das machen ETFs spielend einfach möglich.

Jeden Monat mit einem einzigen ETF in die gesamte Weltwirtschaft investieren? Das klingt doch fast zu schön, um wahr zu sein. Aber genau das ist mit einem einzigen Produkt möglich.

Einen ETF auswählen

Nach so viel Theorie fragst du dich bestimmt, wie du überhaupt einen guten ETF findest, bewertest und für dein Depot auswählst.

Das ist ganz einfach: Zuerst musst du entscheiden, wo du investieren möchtest. Mit einem einzigen ETF kannst du in den weltweiten Aktienmarkt, in eine Region oder auch nur in ein einzelnes Land investieren. Du kannst außerdem in einzelne Branchen investieren und dich auf bestimmte Themen konzentrieren.

Als ich vor über vierzehn Jahren angefangen habe, in Aktien zu investieren, gab es zwar auch schon ETFs, diese waren in meiner Wahrnehmung aber nur eine Randerscheinung – ich hatte sie zumindest nicht im Blick, leider. Inzwischen ist der Markt für ETFs stark gewachsen, und es gibt kaum Bereiche im Börsenuniversum, zu denen man keinen passenden ETF findet. Die Auswahl ist wirklich riesig!

Einziger Nachteil dieser Vielfalt ist, dass man sich erst einmal einen Überblick verschaffen muss. Auf welche Eigenschaften und Kennzahlen du dabei achten solltest, möchte ich in diesem Kapitel aufzeigen, und dir eine einfache Anleitung an die Hand geben, die du bei der Auswahl eines ETFs heranziehen kannst.

Beginnen wir anhand eines absoluten Basis-ETFs und eines der bekanntesten Beispiele für ein weltweit aufgestelltes Produkt – den FTSE All-World. Viele Informationen über einen ETF kannst du bereits aus seinem vollständigen Namen ableiten: **Vanguard FTSE All-World UCITS ETF Distributing.**

- Den Herausgeber des ETFs
- Den zugrunde liegenden Index
- Regulatorische Hinweise
- Hinweise zur Ausschüttung

Vanguard ist der Name des ETF-Anbieters – eine kurze Google-Suche verhilft zu weiteren Informationen über den US-amerikanischen Finanzdienstleister The Vanguard Group.

FTSE All-World ist der Name des Index, den der ETF abbildet.

UCITS ETF ist ein Hinweis auf den Gesetzesrahmen, dem der ETF unterliegt, in diesem Fall den EU-Regeln für Wertpapieranlagen.

Bei vielen ETF-Namen finden sich zusätzlich noch die Kürzel „acc" für „accumulating" oder „dist" für „distributing" im Namen. **Accumulating** bedeutet, dass der ETF mögliche Ertragsausschüttungen bzw. Dividenden der enthaltenen Unternehmen nicht an den Besitzer des ETFs ausschüttet, sondern diese reinvestiert werden, was die Kursperformance des Produkts steigert und sich langfristig positiv auf den Zinseszins auswirkt. Man nennt einen solchen ETF auch thesaurierend. **Distributing** (ausschüttend) bedeutet das genaue Gegenteil: Die Erträge werden hier an die Besitzerinnen und Besitzer des ETF-Anteils (also an dich) ausgeschüttet und stehen dir zur freien Verfügung. Du kannst entscheiden, ob du das Geld reinvestierst, erst einmal ansammelst oder sogar ausgibst.

Im Kapitel „Die Dividende" (ab S. 126) gehe ich noch genauer darauf ein und erläutere dir Vor- und Nachteile einer solchen Ausschüttung.

Die Prinzipien Accumulating und Distributing – thesaurierend oder ausschüttend – nennt man auch Ertragsverwendung. Diese gehört für mich zu den wichtigsten Kriterien bei der Auswahl eines ETFs.

Auch wenn dir der Name des ETFs bereits einige Informationen zum Produkt bereitstellt, finden sich neben der Ertragsverwendung zahlreiche Faktoren und Kennzahlen, die du bei deiner Auswahl beachten kannst.

Die Replikationsmethode: Hierbei unterscheidet man drei Arten:

1 **Physische Replikation** – bedeutet, dass der ETF wirklich jede einzelne Aktie, die im Index enthalten ist, „physisch" kauft und den Index somit vollkommen identisch abbildet.

2 **Sampling Methode** – bedeutet, dass der ETF nicht alle Aktien im Index kauft, sondern lediglich eine repräsentative Teilmenge. Der große Vorteil dessen ist, dass es für den ETF-Anbieter insbesondere bei ETFs mit mehreren Hundert oder gar Tausend Aktien einfacher ist, diesen abzubilden. Dadurch kann die Performance des ETFs naturgemäß leicht von der des dahinterliegenden Index abweichen.

3 **Synthetische Replikation** – ist die komplizierteste der verschiedenen Methoden, aber ich erkläre sie kurz und prägnant: Nehmen wir an, der ETF möchte einen besonders illiquiden Markt abbilden, also einen Markt, in dem sehr wenige oder schwer zugängliche Aktien gehandelt werden. Das ist z. B. bei kleineren Schwellenländern wie Pakistan der Fall. Der ETF-Anbieter möchte den Index „MSCI Pakistan" abbilden und entscheidet sich aufgrund der schlechten Verfügbarkeit dazu, den ETF als synthetischen ETF abzubilden. Das bedeutet, dass der ETF die Aktien des Zielindex, also Aktien aus Pakistan, nicht physisch abbildet, sondern ein sogenanntes Trägerportfolio aufbaut. In diesem können komplett andere Aktien enthalten sein als im eigentlichen Index.

> Zusätzlich wird ein Partner, meistens ein großes Kreditinstitut (der sog. Swap-Partner), das seinerseits im Besitz der gewünschten Werte ist, benötigt. Der ETF-Anbieter und der Swap-Partner einigen sich auf ein Tauschgeschäft, bei dem die Rendite inkl. Dividenden des Trägerportfolios des ETFs mit jenen der Aktien des Swap-Partners getauscht werden. Dabei entsteht das sogenannte Kontrahentenrisiko: das Risiko, dass der Swap-Partner pleitegehen könnte. Allerdings haben synthetische ETFs oft mehr als nur einen Swap-Partner, und die Ausschüttungen werden schon bei Wertunterschieden von maximal 10 % zwischen Trägerportfolio und Swap-Portfolio getauscht. Zusammenfassend bedeutet das für uns, dass wir im schlimmsten Fall die letzte ausstehende Swap-Rendite verlieren, wenn der Swap-Partner pleitegeht.

Ich persönlich halte das für ein relativ geringes Risiko, ziehe generell aber ETFs mit physischer Replikation vor, sofern ich die Wahl habe.

Die laufenden Kosten (abgekürzt: TER = Total Expense Ratio): Damit sind die Kosten gemeint, die für die Erstellung und Verwaltung des ETFs jährlich anfallen. Diese liegen meist deutlich unter 1 %. Unser Vanguard FTSE All-World etwa hat eine TER von aktuell 0,19 %.

Noch entscheidender als die TER ist jedoch die **Tracking Difference (TD)**. Diese zeigt, wie gut ein ETF im Vergleich zu dem Index verläuft, den er abbilden soll. Es gibt verschiedene Faktoren, die sich auf die TD auswirken, darunter auch die TER und die

Replikationsmethode. Wichtig ist, sich zu merken, dass eine niedrige TER zwar sehr wünschenswert ist, man einen ETF aufgrund etwas höherer Kosten aber nicht pauschal ausschließen, sondern zusätzlich einen Blick auf die Tracking-Differenz werfen sollte.

Das Fondsvolumen: Der Betrag, der von Investoren und Investorinnen aus aller Welt in genau diesen ETF investiert wurde. Er sollte mindestens 100 Millionen betragen, denn ein ETF-Anbieter benötigt immer ein gewisses Volumen, damit der ETF für ihn profitabel betrieben werden kann. Immerhin hängen allerhand Kosten an einem ETF, beispielsweise Gebühren an den Ersteller des Index, Mitarbeiterkosten etc., selbst wenn kein aktives Management vorhanden ist.

Wenn du in ETFs mit einem entsprechend hohen Volumen investierst, kannst du das Risiko senken, dass der ETF wieder aufgelöst wird, weil dieser bei den Investoren nicht genügend Interesse weckt und somit zu wenig Kapital generiert. Sollte ein ETF doch mal aufgelöst werden, werden die Anteile automatisch verkauft, und der aktuelle Wert wird auf dein Verrechnungskonto überwiesen. Es geht also nichts verloren. Der Vanguard FTSE All-World hat zum aktuellen Zeitpunkt (Stand: Januar 2026) ein Volumen von über 45 Mrd. Euro und sollte somit nicht dem Risiko unterliegen, geschlossen zu werden.

Die Wertentwicklung: Schau dir die Entwicklung des ETFs über einen möglichst langen Zeitraum an. Auch wenn die Vergangenheit nie ein Indikator für die Zukunft ist, kannst du hier sehen, ob es sich um einen ETF handelt, der in Krisenzeiten sehr stark geschwankt oder eher kontinuierlich gestiegen ist.

Ich selber ziehe es vor, in ETFs zu investieren, die schon ein paar Jahre auf dem Markt sind und eine entsprechende Historie vorweisen können. Insbesondere Themen-ETFs werden oft in besonderen Hype-Phasen auf den Markt geworfen und lassen langfristige Daten und eine gute Rendite vermissen.

Die Handelskosten: Viele ETFs werden bespart, also meistens monatlich zum Depot dazugekauft. Die Handelskosten waren zu meinen Anfängen im Jahr 2011 noch deutlich wichtiger als heute, zu Zeiten der Neobroker mit extrem günstigen Konditionen. Dennoch gilt, dass bei vielen Finanzdienstleistern bei jedem Kauf Gebühren anfallen. Es schadet also nicht, zu vergleichen, ob der ETF deiner Wahl bei deinem oder einem anderen Broker möglichst günstig oder sogar kostenfrei zu besparen oder zu kaufen ist.

Die Sparplanfähigkeit: Für mich ist sie eine der wichtigsten Voraussetzungen bei der ETF-Wahl. Das liegt daran, dass ich ETFs gerne monatlich bespare. Solltest du dich für eine andere Methode entscheiden und beispielsweise einmalig eine größere Summe in einen ETF investieren, ist dieser Punkt für dich wahrscheinlich weniger relevant.

Auch auf die Kosten des Sparplans solltest du einen Blick werfen und eine möglichst kostengünstige Option wählen.

Die Nachhaltigkeit: Wenn dir dieser Punkt wichtig ist, kannst du auf Kriterien wie ESG oder SRI achten. In den FAQ dieses Kapitels (ab S. 85) gehe ich näher darauf ein.

Die Fondswährung und das Fondsdomizil: Beide Faktoren spielen für mich eine eher untergeordnete Rolle bei der ETF-Wahl. Dennoch möchte ich sie der Vollständigkeit halber erwähnen.

Die Fondswährung ist die Währung, in der der ETF verwaltet wird. Sie richtet sich meist an der Währung aus, in der der darunterliegende Index geführt wird. Allerdings werden generell alle Angaben und Erträge von deiner Bank in deine Depotwährung umgerechnet, und auch sonstige Währungsrisiken haben normalerweise nichts mit der Fondswährung zu tun.

Ähnliches gilt für das Fondsdomizil. Die meisten ETFs, die dem UCITS-Standard folgen, sind in Irland oder Luxemburg aufgelegt und erfüllen die rechtlichen Rahmenbedingungen der EU.

GOOD TO KNOW | Wenn du in einen physisch replizierenden ETF investierst, der zu einem großen Teil Aktien aus den USA enthält, kannst du darauf achten, dass das Fondsdomizil in Irland liegt. Der Grund dafür ist, dass Irland ein besonderes Steuerabkommen mit den USA hat und weniger US-Quellensteuer einbehalten wird als in anderen EU-Ländern. Ein US-lastiger ETF, der in Irland aufgelegt wurde, hat folglich meist eine bessere Rendite als derselbe ETF, wenn er beispielsweise in Luxemburg aufgelegt wurde.

Schritt für Schritt zum ETF-Depot

ETFs zu analysieren und sich sein eigenes Portfolio zusammenzustellen kann eine unglaublich spannende und erfüllende Aufgabe sein und viel Spaß machen.

Lass dich nicht von der geballten Informationsflut der Medien abschrecken. Manchmal ist Unbedarftheit ein Segen, um in ein neues Thema zu starten und ins Handeln zu kommen, statt die einzelnen Schritte zu zerdenken.

Wenn du noch nichts für deine private Altersvorsorge und deinen privaten Vermögensaufbau getan hast, kommt hier der kürzeste Guide zu deinem ersten Schritt an die Börse:

1 **Dein Depot eröffnen!** Das kannst du bei einem der Neobroker oder einer beliebigen anderen Bank machen. Ich nutze selbst gerne Broker wie Scalable Capital und Trade Republic.

2 **Erster ETF!** Nachdem dein Depot eröffnet ist, suchst du dir deinen ETF aus. Um die ganze Welt mit einem ETF abzudecken, suche nach einem „FTSE All-World" oder „MSCI ACWI"-ETF. Im Kapitel „Einen ETF auswählen" (ab S. 59) haben wir bereits einige Punkte angesprochen, auf die du im Detail achten kannst.

3 **Sparplan starten!** Diesen ETF suchst du anschließend bei deinem Broker und richtest einen Sparplan ein. Dabei ist es auch vollkommen egal, wie die Kurse gerade stehen oder wie die Stimmung an der Börse ist – einfach machen! Den Betrag kannst du frei wählen, wobei die meisten Broker Sparpläne ab 25 € anbieten. Wenn du etwas mehr Geld übrig hast, startest du monatlich für den Anfang mit 50 oder 100 €.

4 **Zurücklehnen und staunen!** Über die nächsten sechs bis zwölf Monate schaust du einfach zu, was passiert, und hast

so schon mal einen Fuß über die Türschwelle gesetzt. Du wirst mit den Monaten feststellen, wie du dich mit dem ETF und dem Sparplan fühlst. Das Einzige, worauf du jetzt noch achten musst, ist, je nach Möglichkeit die Sparrate immer mal anzupassen und im besten Fall kontinuierlich zu erhöhen.

5 **Es geht um deine Zukunft!** Das war es auch schon. Also fang an! Ausreden gibt es keine! Außerdem legst du dich mit einem ETF ja nicht fürs Leben fest. Wenn du später deine Ansichten oder Strategien ändern solltest, kannst du auch deinen Sparplan anpassen oder ganz pausieren.

Besser als der DAX?

Warum eigentlich in internationale ETFs investieren, wäre es nicht schlauer, einfach einen DAX-ETF zu kaufen und damit das Kapitel Investieren abzuschließen? Aber halt!

Sehen wir uns als Beispiel einmal den langfristigen Chart des *Xtrackers DAX ETF* (ISIN: LU0274211480) an, sieht das auf den ersten Blick gar nicht schlecht aus. Dennoch solltest du nie dein ganzes Kapital in nur einen ETF investieren, wenn dieser nur ein einziges Land abdeckt. Das gilt nicht nur für den DAX, sondern auch für alle anderen oben genannten ETFs, die nur in ein Land investieren. Selbst der S&P 500, der nur in die USA investiert, wäre nicht divers genug. Ein weiterer Grund, weltweit zu streuen, ist hier dargestellt:

Zeitraum: 29.07.2019 – 11.09.2023

Quelle: https://www.finanzfluss.de/informer/etf/vergleich/

Abgebildet ist wieder der Xtrackers DAX ETF in Hellgrau, zusammen mit dem bereits angesprochenen Vanguard FTSE All-World ETF (ISIN: IE00BK5BQT80) in Dunkelgrau in der thesaurierenden, also accumulating Version. Man sieht nicht nur, dass er seit seiner Auflage Ende 2019 eine bessere Performance als der DAX hingelegt hat, sondern kann auch erkennen, dass er weniger stark schwankt – also weniger volatil ist. Im betrachteten Zeitraum war zudem der maximale Drawdown, also der maximale Kursverlust beim FTSE All-World lediglich bei −18,38 %, während er beim DAX ETF bei −26,70 % lag.

Der Vanguard FTSE All-World ist lediglich eines von vielen Beispielen, und du wirst bei deiner Suche diverse ETFs finden, die durch ihre breite Streuung über verschiedene Länder gleichmäßiger verlaufen und gleichzeitig bessere Renditen ermöglichen als ein reines Investment in den DAX.

Eine Lanze möchte ich für den DAX aber trotzdem brechen: Wenn du in deinem Portfolio den Deutschland-Anteil höher gewichten willst, dann ist das als Beimischung eine Möglichkeit.

Passiver ETF vs. aktiver Fonds

Das Investieren in ETFs wird oft als „passives Investieren“ bezeichnet, da es in der Regel keine ETF-Manager gibt, die aktiv entscheiden, in welche Aktien und andere Produkte das Geld der Eigentümer eines ETFs investiert wird. Genau hier liegt der Unterschied zum aktiven Investieren und aktiven Fonds.

Bei einem „klassischen Fonds“, auch Investmentfonds genannt, vertrauen Anleger ihr Geld jemandem an, der oder die den Fonds verwaltet und das Kapital gemäß einer vorgegebenen Anlagestrategie investiert – das passiert also aktiv.

Ich selber habe ganz am Anfang meiner Börsenzeit auch in aktive Fonds investiert. Zum einen, weil ich den Unterschied zu ETFs überhaupt nicht kannte, und zum anderen, weil ich dachte, dass es doch durchaus eine sehr kluge Entscheidung ist, jemandem mein Geld anzuvertrauen, der ein absoluter Profi auf diesem Gebiet ist.

Jeder ETF ist ein Fonds, aber nicht jeder Fonds ist auch ein ETF.

Bei einem ETF gibt es also niemanden, der die Anlageentscheidungen trifft, sondern der zugrunde liegende Index entscheidet darüber. Dennoch sind ETFs eine Art von Investmentfonds.

Fonds werden häufig intensiv beworben, als Fonds des Monats oder des Jahres, dabei sind aber die gemessenen Zeiträume meist viel zu kurz, um eine wirkliche Aussage über Erfolg oder Misserfolg treffen zu können. Im Gegenteil: Hier greift wieder die Regression zur Mitte, weshalb es wahrscheinlicher ist, dass die bejubelten Fonds künftig eher schlechter abschneiden werden.

Wenn ein Fonds eine solche Performance über 10 bis 20 Jahre erzielen kann, ist er einen Blick wert, aber davon gibt es nicht allzu viele. Ein weiterer Kritikpunkt an den meisten Fonds sind die deutlich höheren Kosten bei geringerer Performance als bei einem vergleichbaren ETF. Allzu gerne werden „teure Fonds" von Bankberatern empfohlen, die sich durch Provisionen bereichern.

Aus meiner Sicht sind es Ausnahmen, bei denen sich ein aktives Management der Aktien- bzw. Asset-Auswahl eines Fonds lohnt: Insbesondere bei Nachhaltigkeitsthemen sollte regelmäßig überprüft werden, ob die Aktien im Fonds die vorgegebenen Kriterien erfüllen.

Dennoch ist es nur verständlich und definitiv richtig und wichtig, dass sich ETFs immer größerer Beliebtheit erfreuen, nicht nur bei Privatanlegern sondern auch bei institutionellen Investoren.

Steuern auf ETFs und Aktienfonds

Zu Fonds und ETFs gehört auch das Thema Steuern – das in Deutschland oft negativ besetzt ist. Wenn ich daran denke, wie ich nach meinem ersten Berufsjahr mit Bangen auf den Steuerbescheid vom Finanzamt gewartet habe, ist „German Angst" genau der richtige Ausdruck dafür. Und das unnötigerweise, denn ich konnte mich über eine ordentliche Rückerstattung freuen.

Es hängt immer vom Blickwinkel ab: In keinem anderen Industrieland gehen vom Bruttoeinkommen eines kinderlosen Singles so viele Steuern und Sozialabgaben ab. So lag die durchschnittliche Belastung eines Durchschnittsverdieners im Jahr 2021 bei 38,9 %[3]. Der Spitzensteuersatz in Deutschland beträgt derzeit 42 %. Er greift 2026 ab einem zu versteuernden Jahreseinkommen von 69 879 €. Hinzu kommen Abzüge beispielsweise für die Kranken- oder Arbeitslosenversicherung.

Andererseits betrachten viele Länder auch Kapitaleinkünfte als normales Einkommen und besteuern sie voll – und so gesehen sind die 25 % + Solidaritätszuschlag bei uns gar nicht so schlecht.

Es ist ein Fakt: Erträge aus Wertpapieren werden besteuert. Generell gilt in Deutschland für Erträge aus Wertpapieren die Abgeltungssteuer von 25 % + Solidaritätszuschlag + ggf. Kirchensteuer. Der Solidaritätszuschlag beträgt 5,5 % und die Kirchensteuer 8–9 %. Beides wird auf die Abgeltungssteuer erhoben. Man kommt also nicht auf insgesamt 38,5–39,5 % Steuern, sondern nur auf 26,375 % (wenn man nicht in der Kirche ist) bzw. maximal 28,625 %, wenn man Kirchensteuer zahlt.

Verkauft man seinen ETF ohne Gewinn, fallen keine Steuern an. Auch im Rahmen des Freibetrags für Kapitalerträge von derzeit 1 000 € fallen keine Steuern an. Dieser wird oft auch Sparerpauschbetrag genannt und steht jeder natürlichen Person in Deutschland zu. Die ersten 1 000 € pro Jahr an Einkünften aus Dividenden, Aktien-, ETF-Verkäufen und anderen Kapitalerträgen müssen also nicht versteuert werden.

3 https://www.welt.de/wirtschaft/article230744905/Steuern-und-Sozialabgaben-Niemand-zahlt-mehr-als-der-deutsche-Single.html

GOOD TO KNOW | Deinen Freibetrag von maximal 1 000 € kannst du selbst bei deinem Depotanbieter hinterlegen, damit er berücksichtigt wird. Du kannst ihn auf verschiedene Depotanbieter verteilen. Achte darauf, das Limit von 1 000 € dabei nicht zu übersteigen, denn jeder verdiente Euro darüber hinaus ist steuerpflichtig.

Doch was soll das Positive an der Besteuerung sein?

Nun, für ETFs gilt die Besonderheit der Teilfreistellung. Diese beträgt 30 % für ETFs mit einem Aktienanteil von mindestens 51 % (daneben können Anleihen oder Rohstoffe enthalten sein). Im Ergebnis bedeutet dies, dass nur 70 % der Erträge aus ETFs steuerpflichtig sind. Bei Mischfonds mit mindestens 25 % Aktienanteil beträgt die Teilfreistellung nur 15 %, bei inländischen Immobilienfonds dafür 60 % und bei Immobilienfonds mit überwiegend ausländischen Objekten sogar 80 %.

Ein Beispiel: Nehmen wir an, dein Depot hat nach ein paar Jahren ein stolzes Volumen von 100 000 € erreicht. Du verkaufst keine Anteile, hast aber ausschüttende Produkte gewählt, sodass du Ausschüttungen von 3 % pro Jahr erhältst.

Brutto landen wir bei 3 000 € Ertrag im Jahr (100 000 € x 3 %), von denen die ersten 1 000 € freigestellt sind. Dafür fallen also keine Steuern an. Für die verbleibenden 2 000 € müsstest du bei einem Depot mit lauter Einzelaktien und einer Dividendenrendite von 3 % die volle Abgeltungssteuer von 26,375 % (ohne Kirchensteuer) abführen – also 527,50 €. Netto bleiben dir die 1 000 € aus dem Sparerpauschbetrag + 1 472,50 €

aus den versteuerten Erträgen. Insgesamt also 2 472,50 €.

Bei einem Aktien-ETF-Portfolio mit Teilfreistellung sieht die Rechnung wie folgt aus: Du erhältst brutto 3 000 € Ertrag, aufgrund der Teilfreistellung von 70 % müssen aber nur 2 100 € versteuert werden. Von diesen 2 100 € können dann 1000 € auf deinen jährlichen Freibetrag angerechnet werden. Auf die verbleibenden 1 100 € fallen im letzten Schritt noch 26,375 % Abgeltungsteuer + Solidaritätszuschlag (+ ggf. Kirchensteuer) an, sodass hier lediglich 290,13 € an Steuern anfallen. Netto verbleiben uns insgesamt 2 709,87 €. Also 237,37 € mehr als bei den Einzelaktien.

Das klingt zwar erst mal nicht viel, aber mit steigender Depotgröße steigt auch der Betrag, der dir am Ende übrig bleibt.

Zum Thema ETFs und Steuern sei an dieser Stelle noch auf die Vorabpauschale hingewiesen: Dabei handelt es sich um eine Regelung zur Besteuerung fiktiver Erträge aus Investmentfonds.[4]

4 Weitere Informationen: https://aktiengram.de/vorabpauschale-im-jahr-2024/

AKTIEN – DIE KÖNIGSDISZIPLIN

Wie anfangs schon erwähnt, hatte ich gleich mit meinem ersten Depot den Gedanken gefasst, monatlich 25 € in einen Fondssparplan zu investieren, und angenommen, dies sei eine gute Sache. Damals wusste ich noch nicht, was ein ETF ist und warum der Fonds, den ich ausgesucht hatte, aus meinem Geld zwar „mehr" machte, aber bei Weitem weniger, als es mit anderen Anlagen möglich gewesen wäre. Doch auch diese Lehre wäre mir verwehrt geblieben, wenn ich überhaupt nicht begonnen hätte, das Thema anzugehen.

Im nächsten Jahr meiner Börsenkarriere beobachtete ich dann sporadisch immer mal wieder die Top- und Flop-Listen meines Depotanbieters. Hier sah ich, welche Aktien des DAX, der damals noch die 30 und noch nicht die 40 größten deutschen Unternehmen enthielt, gerade besonders im Kurs gestiegen oder gefallen waren. Mein Konto wies ein Plus von ca. 400 € auf, die ich in Aktien investieren wollte.

Meine Idee zum Aktienkauf: Ich erwerbe Aktien der Flop-Liste, die haben sicher enormes Potenzial, wieder ordentlich zu steigen.

Nun, wie viele Fehler habe ich mit dieser Entscheidung begangen? Beginnen wir mit dem fundamentalen Wissen über das Unternehmen, in das ich mein Geld investieren wollte: Es war schlicht nicht vorhanden, und ich hatte auch keine Ahnung, dass mir all diese Informationen öffentlich einsehbar vorgelegen hätten. Ich hatte mir weder die Webseite noch die Kennzahlen, noch sonst etwas zu meinen ersten Aktien von der Commerzbank angesehen. Mein „Investment Case", also der Grund, die Aktien zu kaufen, lautete: Das ist eine Bank, ich bin dort Kundin, Banken sind bestimmt eine solide Anlage. Das war alles!

Heute wäre mir wohl gleich beim Blick auf den langfristigen Kursverlauf des Unternehmens aufgefallen, dass es sich hier kaum um eine solide und aussichtsreiche Geldanlage handeln würde. Von einer Betrachtung der Kennzahlen wie Kurs-Gewinn-Verhältnis, Eigenkapitalrendite oder der operativen Marge einmal ganz abgesehen. Aber die Aktie zahlte eine Dividende aus – das war noch ein weiterer Punkt, der für meine Überlegung sprach. Dass die Dividende ungefähr so gesichert schien wie die Wettervorhersage für einen Tag in fünf Monaten, ahnte ich nicht.

Nach diesen Fehlerbekenntnissen möchte ich dir jetzt beschreiben, wie ich heute an eine Investition herangehe: Zuerst schaue ich mir die Website eines potenziell interessanten Unternehmens an. Meist finden sich hier schon spannende Infos über die Unternehmensgeschichte, die Geschäftsbereiche, die Produkte oder Dienstleistungen, die das Unternehmen anbietet, und vieles mehr. Börsennotierte Gesellschaften haben zudem meist eine eigene Unterseite für alles rund um das Thema Aktien: Investor Relations, Finanzdaten, Investoren – so oder ähnlich kann dieser Bereich heißen. Falls man ihn auf der Website nicht findet, gibt es oft eine separate Website, die über eine Google-Suche mit dem Unternehmensnamen und dem Stichwort „investor relations“ einfach auszumachen ist. Dort finden sich dann weitere Informationen über das Unternehmen, die letzten Quartalsberichte, der Geschäftsbericht, möglicherweise auch Auskunft zur Dividende und weitere Finanzkennzahlen.

Klassifikation von Aktien

Wenn du dich zum ersten Mal mit Aktien beschäftigst, fragst du dich vielleicht nicht, welche unterschiedlichen Arten von Unternehmen es überhaupt gibt. Auch ich habe mich erst einige Jahre nach meinen ersten Aktienkäufen damit auseinandergesetzt, was ich heute jedoch als Versäumnis ansehe. Wenn ich dem schon früher Beachtung geschenkt hätte, wäre mir eher aufgefallen, dass ich Risiken eingegangen bin, indem ich zu viele Aktien aus der immer gleichen Branche gekauft habe, die ich besonders gut zu verstehen dachte. Rutscht dann die gesamte Branche in eine Krise, geht es auch dem einseitig bestückten Depot schlecht.

Diese Einteilung in Sektoren und Branchen hat zunächst nichts mit der Beurteilung und Bewertung einer einzelnen Aktie zu tun, die später erfolgt. Doch was verbirgt sich hinter diesen Klassifikationen, und warum werden Unternehmen auf diese Weise eingeteilt?

Grundsätzlich lassen sich zwei bekannte Klassifikationen unterscheiden. Zum einen der **Global Industry Classification Standard (GICS)** und zum anderen der **Industrial Classification Benchmark (ICB)**.

Klassifizierungsstandard

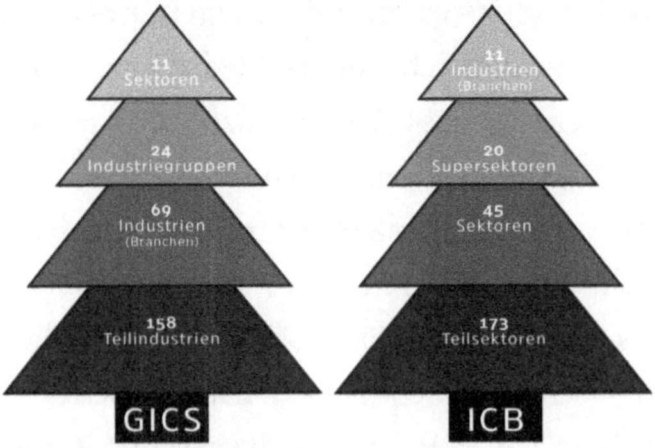

Um die Einordnung leichter verständlich zu machen, habe ich dir am Beispiel des GICS Standard[5] die elf Sektoren in handlichen Steckbriefen mit ihrer jeweiligen Bedeutung und einigen Beispielaktien erstellt.

Übersicht über die einzelnen Sektoren

Jeder Sektor umfasst Unternehmen bestimmter Geschäftsbereiche, die ich hier einmal kurz beschreiben möchte.

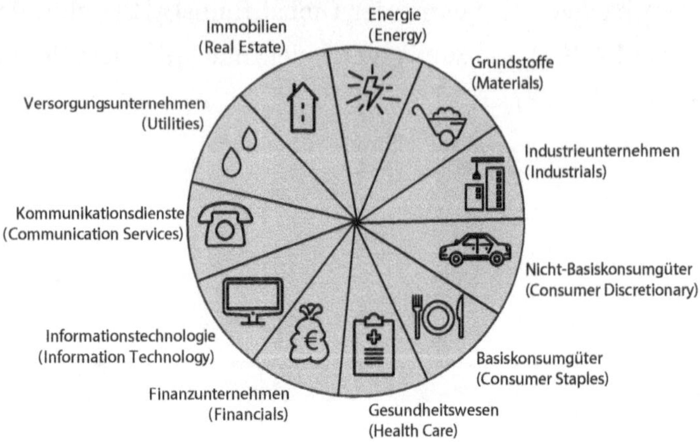

5 GICS Quelle: https://www.msci.com/our-solutions/indexes/gics

Energie (Energy)

- Förderung, Vermarktung und Transport
- Fossile Brennstoffe wie Erdöl und Erdgas

Beispielaktien: ExxonMobil, Chevron, Shell

Grundstoffe (Materials)

- Wichtig für die Produktion zahlreicher Güter
- Am Anfang der Wertschöpfungskette
- Chemie, Metalle, Bergbau, Papier- und Holzindustrie

Beispielaktien: Heidelberg Materials, Air Liquide, DuPont

Industrieunternehmen (Industrials)

- Maschinenbau
- Luft- und Raumfahrt
- Industrie- und Landwirtschaftsmaschinen
- Dienstleistungen, Logistik
- Transport per Schiff, Flugzeug oder Bahn

Beispielaktien: Airbus, Deutsche Post, Union Pacific Corporation

Nicht-Basiskonsumgüter (Consumer Discretionary)

- Automobilbranche
- Textilien und Bekleidung
- Freizeitprodukte und Luxusgüter
- Verbraucherdienstleistungen wie Hotels, Restaurants und Freizeitangebote

GOOD TO KNOW | Sie werden auch „zyklische Konsumgüter“ genannt, denn sie unterliegen Schwankungen, die vom Wirtschaftszyklus und der Konjunktur abhängen. Ist die Wirtschaftslage gerade schlecht, wird eher auf Luxusgüter oder Reisen verzichtet als auf Basiskonsumgüter wie Lebensmittel oder Pflegeprodukte.
Beispielaktien: Home Depot, Nike, Booking Holdings

Basiskonsumgüter (Consumer Staples)

- Verbrauchsgüter des täglichen Bedarfs
- Nahrungsmittel, Getränke, Tabakwaren
- Haushaltsartikel und Pflegeprodukte

GOOD TO KNOW | Sie werden auch nichtzyklische Konsumgüter genannt, denn sie sind weniger anfällig für wirtschaftliche Schwankungen, da sie Grundbedürfnisse befriedigen. Die Menschen neigen dazu, diese Produkte auch in wirtschaftlich schwierigen Zeiten zu kaufen, was zu einer stabileren Nachfrage im Vergleich zu zyklischen Konsumgütern führt. Es ist jedoch möglich, dass Verbraucher in schwierigen Zeiten von hochwertigen Markenprodukten auf preisgünstige Handelsmarken umsteigen.
Beispielaktien: Beiersdorf, Coca-Cola, Procter & Gamble

Gesundheitswesen (Health Care)

- Gesundheitsversorgung
- Ausrüstung und Dienstleistungen für das Gesundheitswesen
- Entwicklung von Arzneimitteln, Impfstoffen und Medikamenten
- Medizinische Technologie

Beispielaktien: Novo Nordisk, Novartis, Johnson & Johnson

Finanzunternehmen (Financials)

- Banken
- Finanzdienstleister
- Versicherungen

Beispielaktien: Allianz, UBS, Visa

Informationstechnologie (Information Technology)

- Hardware und Software
- IT-Dienstleistungen
- Digitalisierung

Beispielaktien: Apple, Microsoft, Nvidia

Kommunikationsdienste (Communication Services)

- Telekommunikationsdienstleister und -ausrüster
- Pflege und Ausbau der Kommunikationsinfrastruktur
- Internet, Mobilfunk und Festnetz

Beispielaktien: AT&T, Cisco Systems, Meta

Versorgungsunternehmen (Utilities)

- Grundlegende Versorgungsleistungen
- Strom, Wasser, Gas
- Abfallwirtschaft

Beispielaktien: RWE, E.ON, NextEra Energy

Immobilien (Real Estate)

- Unternehmen, die in Immobilien investieren
- Bestandshaltung, Entwicklung und Verwaltung von Immobilien

Beispielaktien: Simon Property Group, Vonovia, Equinix

Wie zu Beginn des Kapitels beschrieben, hat die Klassifizierung einer Aktie zunächst nicht direkt etwas mit ihrer Bewertung zu tun. Dennoch lassen sich daraus wertvolle Rückschlüsse für das eigene Depot ziehen, die wir uns jetzt näher anschauen.

Aufteilung der Sektoren im S&P 500 (September 2023)

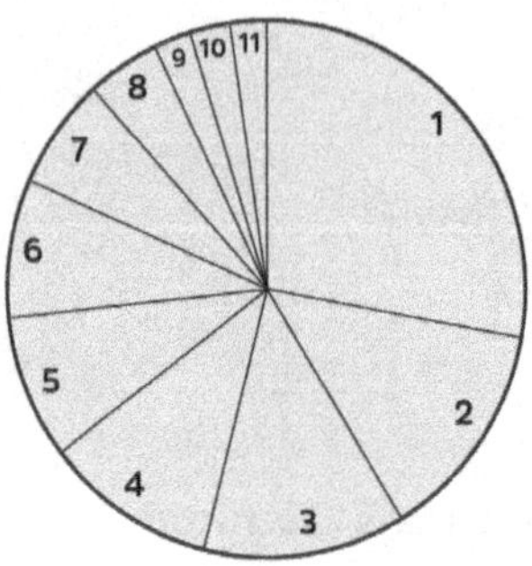

1 - Informationstechnologie	28,2 %
2 - Gesundheitswesen	13,2 %
3 - Finanzunternehmen	12,5 %
4 - Nicht-Basiskonsumgüter	10,6 %
5 - Kommunikationsdienste	8,8 %
6 - Industrieunternehmen	8,4 %
7 - Basiskonsumgüter	6,6 %
8 - Energie	4,4 %
9 - Grundstoffe	2,5 %
10 - Immobilien	2,4 %
11 - Versorgungsunternehmen	2,4 %

Quelle: https://www.spglobal.com/spdji/en/indices/equity/sp-500/#data

GOOD TO KNOW | Stetiger Wandel: Zur Veranschaulichung siehst du hier die Verteilung der Sektoren des S&P 500 im September 2023.[6] Auch dabei zeigt ein Blick in die Vergangenheit die stetige Bewegung am Aktienmarkt. So war z.B. in den 1990er-Jahren der Bereich der Industriewerte deutlich höher als heute, der Bereich der Energiewerte erreichte 2008 einen Höhepunkt.[7]

Warum werden Aktien klassifiziert?

Die Einteilung von Aktien in die genannten Sektoren kann verschiedene Gründe und Vorteile haben. Insbesondere den Herausgebern der Klassifizierungen – MSCI und S&P sowie Dow Jones, Stoxx und FTSE – helfen diese Klassifizierungen beim Auf- und Ausbau ihrer eigenen Produktpalette. So können beispielsweise Indizes erstellt werden, die alle Unternehmen eines bestimmten Sektors oder einer Branche enthalten. Diese Indizes werden wiederum genutzt, um ETFs speziell für diesen Bereich aufzulegen. Darüber hinaus helfen die GICS- und ICB-Klassifikationen den Anbietern von Statistiken, die Entwicklung bestimmter Sektoren besser zu erfassen.

Auch die Börsen nutzen die Klassifizierungsdaten. Davon profitieren wiederum wir Privatanleger; schließlich erhalten wir dadurch mehr Informationen über unsere Aktien.

Zusätzlich kann die Klassifikation auch eine Entscheidungshilfe sein, wenn wir Diversifikation anstreben. Mithilfe des Rankings können wir schnell erkennen, ob ein Sektor in unserem

6 https://www.spglobal.com/spdji/en/indices/equity/sp-500/#data
7 https://www.bespokepremium.com/think-big-blog/updated-2017-sp-500-sector-weightings/

Depot zu viel Gewicht bekommt und wir damit ein höheres Risiko eingehen, weil wir von einem Einbruch dieser Branche stärker betroffen wären.

Außerdem können die Unternehmen anhand ihrer Klassifizierung besser miteinander verglichen werden. Es greift gewissermaßen eine Standardisierung, sodass bei Unternehmensanalysen belastbarere Rückschlüsse gezogen werden können.

Zumindest in den übergeordneten Kategorien unterscheiden sich die beiden Systeme kaum voneinander: nur in einzelnen Worten und minimalen Abweichungen in der Zuordnung der Firmen. Wenn ein Unternehmen in mehreren Sektoren tätig ist, wird es in beiden Standards dem dominanten Unternehmensbereich zugeordnet. Nur auf der unteren Sortierungsebene gibt es ein paar Unterschiede, zum Beispiel die Anzahl der Teilsektoren in der ICB im Vergleich zu den Teilindustrien in der GICS. Das ist jedoch beim Blick auf die übergeordneten Sektoren bzw. Industrien kaum wahrnehmbar.

Mithilfe der Klassifizierung können wir leicht erkennen, ob eine Branche im eigenen Depot zu viel Gewicht hat. Damit würden wir ein höheres Risiko eingehen und wären von einem Einbruch dieses Sektors stärker betroffen.

WAS STECKT HINTER DEN KÜRZELN GICS UND ICB?

Der Global Industry Classification Standard (GICS) ist eine Klassifizierung, die aus einer Zusammenarbeit des Finanzdienstleisters MSCI und Standard & Poor's (S&P) im Jahr 1999 entwickelt wurde. Der ICB-Standard wurde erst 2004/2005 von Dow Jones STOXX und der Financial Times Stock Exchange (FTSE) eingeführt.

GIBT ES NOCH WEITERE MÖGLICHKEITEN, AKTIEN ZU KLASSIFIZIEREN?

Es gibt noch zahlreiche weitere Methoden, Aktien einzuordnen. Einige Beispiele habe ich dir hier notiert:

Größe des Unternehmens

Large-Cap-Aktien („cap“ = engl. für „capitalization“): Diese gehören zu großen Unternehmen mit einer hohen Marktkapitalisierung (über 2 Mrd. €).
Mid-Cap-Aktien: Dazu gehören mittelgroße Firmen mit einer mittleren Marktkapitalisierung (zw. 500 Mio. – 2 Mrd. €).
Small-Cap-Aktien: Dabei handelt es sich um kleinere Unternehmen mit geringer Marktkapitalisierung (bis 500 Mio. €).

Dividenden

Dividendenwerte: Diese Unternehmen schütten regelmäßig Dividenden an ihre Aktionäre aus.
Nichtdividendenwerte: Diese Unternehmen zahlen keine oder nur selten Dividenden.

Wachstumspotenzial

Wachstumsaktien (auch Growth-Aktien): Diese Unternehmen haben ein überdurchschnittliches Wachstumspotenzial, reinvestieren häufig ihre Gewinne und zahlen möglicherweise keine oder nur geringe Dividenden.

Substanzwert-Aktien (auch Value-Aktien): Diese Unternehmen gelten oft als unterbewertet und können Dividenden zahlen, haben aber möglicherweise ein geringeres Wachstumspotenzial.

Geografische Lage

Inländische Aktien: Unternehmen, die im gleichen Land wie der Investor ansässig sind.

Ausländische Aktien: Unternehmen außerhalb des Heimatlandes des Investors.

Darüber hinaus gibt es noch eine Reihe weiterer Möglichkeiten, Aktien zu klassifizieren und sie in verschiedene Gruppen zu unterteilen. Diese Klassifizierungen sollen uns Anlegerinnen und Anlegern bei der Portfoliozusammenstellung und dem Risikomanagement helfen und es ermöglichen, Aktien anhand verschiedener Merkmale zu vergleichen.

GIBT ES EINE KLASSIFIZIERUNG NACH NACHHALTIGKEITSKRITERIEN?

In den letzten Jahren haben sich einige Klassifizierungen für Nachhaltigkeit etabliert. Ich möchte als Orientierungshilfe einen kurzen Überblick über die bekanntesten Kürzel geben. Dabei ist zu beachten, dass es bis heute keine wirklich einheitliche Definition gibt, was genau unter einer nachhaltigen Geldanlage zu verstehen ist.

ESG, **SRI** und **SDG** sind Abkürzungen für die Nachhaltigkeit von Unternehmen oder Geldanlagen.

ESG ist die Abkürzung für „Environmental, Social und Governance" und umfasst sowohl den Schutz der Umwelt als auch die Achtung der Menschenrechte sowie weitere ethische und soziale Kriterien. Ein häufiger Kritikpunkt am ESG-Prinzip ist das Fehlen bestimmter Ausschlusskriterien. So kommt es vor, dass auch Unternehmen aus der Öl- und Gasförderung als ESG-konform gelten, obwohl diese Branche oft im Konflikt mit Nachhaltigkeitsstandards steht.

SRI ist die Abkürzung für „Socially Responsible Investment", was bedeutet, dass ein Investment als ethisch eingestuft wird. Hier finden sich auch „Negativkriterien", die zum Ausschluss von Unternehmen führen, die als „einer sozial und/oder ökologisch nachhaltigen Entwicklung entgegenstehend" eingestuft werden. Beispiele hierfür sind Kinderarbeit oder die Rüstungsindustrie.

SRI-Kriterien gelten gemeinhin als die „strengere Variante". Dennoch fällt auch im Zusammenhang mit SRI-Kriterien immer wieder der Begriff „Greenwashing".

SDG steht für „Sustainable Development Goals". Dabei handelt es sich um 17 Nachhaltigkeitsziele der Vereinten

Nationen. Sie sollen die nachhaltige Entwicklung auf wirtschaftlicher, sozialer und ökologischer Ebene abdecken. Häufig wird kritisiert, dass die SDGs der Komplexität der globalen Probleme nicht gerecht werden und die Umsetzung der Kriterien zu langsam erfolgt.

Aktien kaufen

Die besten Anlageideen und die detailliertesten Analysen nützen wenig, wenn man nicht weiß, wie man eine neue Aktie oder einen ETF eigentlich kauft.

Auf jeden Fall brauchst du einen Broker. Hier würde ich bei der Auswahl vor allem darauf achten, dass keine Depotführungsgebühren und nur geringe Orderkosten (die Gebühren, die beim Kauf und Verkauf einer Aktie anfallen) entstehen.

Günstige Neobroker wie *Scalable Capital* oder *Trade Republic* bieten sich für den Start an. Aber auch bei den Direktbanken wie der DKB oder ING und selbst bei regionalen Banken wie beispielsweise den Sparkassen kann man sein Depot führen. Dabei gilt es jedoch zu beachten, dass hier oft deutlich höhere Kosten für die Depotführung und auch für den Kauf von Aktien und ETFs anfallen.[8]

Kommen wir zum eigentlichen Thema: dem Kauf einer Aktie. Je nach Broker kann das Onlineformular (Ordermaske) für den Kauf von Aktien oder ETFs unterschiedlich aussehen, die Funktion und Abwicklung der Order verläuft aber meist sehr ähnlich.

---

8 Aktuelle Übersicht über die Konditionen: https://aktiengram.de/depots

Um die richtige Aktie zu finden, in die du investieren möchtest, suchst du am besten nach der **ISIN (International Security Identification Number)** oder der **WKN (Wertpapierkennnummer)** des Wertpapiers. Diese Kennnummer ist für jede Aktie eindeutig, um zu verhindern, dass versehentlich die falsche Aktie ausgewählt wird. Anschließend wählst du den Handelsplatz, an dem du kaufen möchtest (z. B. die Frankfurter Wertpapierbörse mit der elektronischen Handelsplattform Xetra), und die Anzahl der Aktien. Viele Neobroker bieten nur einen oder zwei Handelsplätze an, sodass die Auswahl leichtfallen sollte. Bei den traditionelleren Brokern können die Aktien nicht nur an verschiedenen deutschen Börsen gehandelt, sondern häufig auch direkt an der jeweiligen Heimatbörse gekauft werden. Die Börsen im Ausland verlangen jedoch in der Regel deutlich höhere Gebühren, weshalb sich der Kauf insbesondere bei kleineren Anlagebeträgen nicht unbedingt anbietet.

Als Nächstes kann zwischen verschiedenen Ordertypen gewählt werden. Die Standardauswahl ist hier meistens die sogenannte **Market Order**. Bei einem Kauf wird die Order „billigst", also zum billigsten aktuell verfügbaren Preis, ausgeführt (und schnellstmöglich). Bei einem Verkauf wird die Order „bestens", also zum bestmöglichen erzielbaren Preis, ausgeführt (schnellstens). Die Market Order ist also eine Option, seinen Kauf direkt zum aktuellen Börsenkurs der Aktie auszuführen.

Ich selber kaufe Aktien nie per Market Order und nutze immer eine sogenannte **Limit Order**. Bei dieser lässt sich manuell der maximale Kaufpreis bzw. bei einem Verkauf der minimale

Verkaufspreis einstellen. Ein Kauflimit bedeutet, dass der Kaufauftrag nur dann ausgeführt wird, wenn der Kaufkurs der Aktie den Limit-Preis erreicht, unterschreitet oder bereits unter dem Limit-Preis liegt. Angenommen, die Aktie, die man gerne kaufen möchte, wird aktuell zu einem Kurs von 20 € gehandelt, ich möchte diese Aktie aber zu einem Kurs von lediglich 19,50 € kaufen. Mithilfe der Limit-Order kann man die Grenze von 19,50 € festlegen, und die Aktien werden automatisch gekauft, wenn dieser Preis erreicht wird.

Das Verkaufslimit funktioniert genauso: Der Verkauf wird ausgeführt, wenn der Verkaufskurs das Limit erreicht, überschreitet oder bereits über dem Limit-Preis liegt.

Bei der Limit-Order ist zu beachten, dass zusätzlich zum Preis eine Zeitspanne angegeben werden muss, in der die Bestellung aktiv bleiben soll. Diese wird als „Ultimo" bezeichnet. Angenommen, man wählt für das oben genannte Beispiel einen Zeitraum von einem Monat, wird die Order ausgelöst, wenn die Aktie im Laufe des nächsten Monats den Preis von 19,50 € erreicht. Erreicht die Aktie den Preis nicht im Laufe des nächsten Monats, verfällt die Order und kann neu aufgegeben werden. Ordergebühren fallen in der Regel erst an, wenn die Order wirklich ausgeführt wurde und nicht bereits beim Einstellen.

Auch wenn ich selbst mit Limit-Orders handele, schadet es nicht, ein paar andere Ordertypen vorzustellen.

Zunächst wäre da die **Stop-Buy-Order** bzw. die „limitierte Kauforder". Sie gibt einen bestimmten Kurs an, bei dessen Erreichen der Titel automatisch gekauft wird. Zu empfehlen ist diese

Art der Order erst, wenn man besonders große Geldbeträge bewegen möchte oder Aktien kauft, die selten gehandelt werden. Denn die Stop-Buy-Order wirkt dann, wenn die eigene Order für einen kurzen Zeitraum bereits den Kurs der Aktie beeinflussen könnte.

Das Pendant dazu ist die **Stop-Loss-Order** bzw. die „limitierte Verkaufsorder“. Sie gibt einen Kurs an, bei dessen Erreichen oder Unterschreiten der Titel automatisch verkauft werden soll. Genutzt wird sie meistens, um sich gegen fallende Kurse abzusichern.

Für mich als jemanden mit einer sehr langfristigen Vorgehensweise spielen solche Ordertypen keine wirkliche Rolle. Wenn der Kurs einer Aktie aus irgendwelchen Gründen stark fällt, warte ich diese Phase ab oder nutze vielleicht sogar die Gunst der Stunde, um neue Aktien des Unternehmens zu einem günstigeren Preis zu kaufen.

In den meisten Fällen wird man für den Handel an der Börse mit einem langfristigen Horizont nur die Market Order oder die Limit Order benötigen. Lass dich nicht verunsichern, wenn der gewählte Broker mit einer Vielzahl von Ordertypen glänzen möchte. Das meiste davon kann man getrost vernachlässigen und sich auf die beiden Standard-Ordertypen beschränken.

Disziplin fürs Investieren entwickeln

Du hast dir nun die Grundkenntnisse über den Aktienmarkt erarbeitet. Bist du bereit, zu investieren und vom zukünftigen Erfolg und Wachstum deiner Anlagen zu profitieren? Klasse! Dann lohnt es sich, etwas tiefer in die Materie einzusteigen, denn das Investieren in einzelne Aktien gilt als die Königsdisziplin – hier kann zusätzliches Know-how nicht schaden.

Online findet man eine Menge davon: qualitatives Material und Wissen über Aktien, alles frei zugänglich. Aber Vorsicht, auch in der Finanzbranche gibt es schwarze Schafe: Versprechungen wie „schnell reich werden" funktionieren nur in der Theorie, in der Praxis ist es eher der Geldbeutel des Anbieters, Coaches oder Trainers, der wächst. Viele von denen wollen am Ende doch nur unser Bestes: nämlich unser Geld!

Generell solltest du Aktienempfehlungen und hohe Renditeversprechen immer kritisch hinterfragen! Wenn die Tipps oder die angepriesenen Methoden wirklich so gut wären, warum sollte derjenige sie dann mit der Welt teilen, anstatt sich ein schönes Leben auf den Malediven zu machen?

Wie genau baue ich jetzt also Disziplin an der Börse auf? „Disziplin" heißt letztendlich, sich dauerhaft an bestimmte Routinen oder Regeln zu halten, sich selbst motivieren zu können und im Großen und Ganzen nicht davon abzuweichen.

Dabei finde ich das Modell der Sparpläne sehr hilfreich und entgegenkommend: Sie machen es einem leicht, vom Einkommen immer einen Teil für Investitionen zur Seite zu legen. Anfangs fühlt es sich noch komisch an, dass zu Beginn des Monats wie per Dauerauftrag Geld vom Konto abgebucht und in ETFs oder einzelne Aktien investiert wird und weniger für den normalen Konsum übrig bleibt als zuvor. Nach kurzer Zeit aber hat man sich daran gewöhnt. Das hat auch eine psychische Ursache: Dinge zu verlieren oder abgeben zu müssen, die man einmal besessen hat, schmerzt in der Regel mehr, als wenn man diese gar nicht erst bekommen hätte. Bald also empfindet man einen „Rückschritt" im monatlichen Budget von beispielsweise 2 000 € frei verfügbarem Betrag auf 1 800 € nicht mehr als einschränkend. Mach dir bewusst, dass die 200 €, die monatlich ins Depot wandern, zwar kurzfristig noch keine spürbare Wirkung zeigen, aber im Alter deine Lebensgestaltung deutlich erleichtern werden. Es lohnt sich!

Das kleine Einmaleins der Aktienbewertung

Das Bewerten von Einzelaktien ist für mich eine Tätigkeit, die viel Spaß macht, aber auch mit hohem Zeitaufwand verbunden ist. Die gute Nachricht ist, dass die Analyse von Einzelaktien überhaupt keine Voraussetzung für einen erfolgreichen Vermögensaufbau an der Börse ist! Die meisten Privatanleger sind wahrscheinlich mit einem weltweit gestreuten ETF besser bedient – mich eingeschlossen. Das zeigen auch Studien der Kapitalmarktforschung, die immer wieder zu dem Ergebnis kommen, dass Privatanleger schlechter abschneiden als der weltweite Aktienmarkt – und die meisten Menschen tatsächlich in Einzelaktien statt in breit aufgestellte ETFs investieren. Viele Faktoren spielen für diese „schlechte Performance" eine Rolle, etwa die Transaktionskosten für den Kauf und Verkauf von Aktien, Steuern, aber auch schlicht psychologische Faktoren, Emotionen und die daraus resultierende „schlechte Auswahl" der einzelnen Aktien.[9]

Dennoch investiere auch ich leidenschaftlich gerne in Einzelaktien und versuche, meine Anlageentscheidungen auf Basis eigener Analysen und Meinungen zu treffen. Der vielleicht wichtigste Faktor dabei ist die verfügbare Zeit. Wenn du eine interessante Aktie entdeckt hast, nimm dir also unbedingt genügend Zeit, alle Informationen zusammenzutragen und dir eine fundierte Meinung über das Unternehmen zu bilden. Darunter fallen für mich die fundamentalen Daten, also Bilanz-, Bewertungs- und Dividendenkennzahlen des Unternehmens, aber auch verschiedene volkswirtschaftliche Daten zur Branche und Konkurrenzumfeld des Unternehmens. Zudem ist es in meinen Augen elementar, das Geschäftsmodell zu verstehen und zu durchleuchten, mit welchen Methoden das Unternehmen überhaupt Geld erwirtschaftet und seinen Cashflow erzielt.

Insbesondere Letzteres ist für mich und meine Strategie wichtig: ein positiver Cashflow. Solange das Unternehmen unterm Strich „Geld verbrennt" und nur vom bestehenden Kapital und weiteren Kapitalerhöhungen lebt, hat sich das Geschäftsmodell für mich noch nicht bewiesen. Darüber hinaus zahlen solche Unternehmen meist keine Dividende und selbst wenn, ist es keine „gesunde" Dividende.

Natürlich lassen sich auch mit Cashflow-negativen Unternehmen schöne Gewinne erzielen, doch die Risiken, dass sich

---

9 The Behavior of Individual Investor, Brad M. Barbera and Terrance Odeanb, https://www.umass.edu/preferen/You%20Must%20Read%20This/Barber-Odean%202011.pdf

das Geschäftsmodell nicht durchsetzt oder die Erwartungen des Marktes an das Unternehmen bereits zu hoch sind, sind definitiv gegeben.

Neben dem Zeitfaktor gibt es weitere Voraussetzungen, die du ebenfalls möglichst langfristig betrachten solltest – immerhin investierst du nicht für kurzfristige Spekulationen. Denke immer daran: Es ist dein eigenes, hart verdientes Geld, das du investierst, und damit trägst du auch die Verantwortung dafür.

Die drei wichtigsten Regeln

1 **Nimm dir Zeit!** Geh ins Detail und sammle Wissen rund um das Unternehmen und die Branche. Setze dabei auf Primärquellen, also Informationen, die direkt vom Unternehmen stammen, wie beispielsweise den Geschäftsbericht. Auch andere Quellen können natürlich hilfreich sein, sofern man alles kritisch hinterfragt und möglichst sachlich betrachtet. Auch Präsentationen, Videobeiträge auf Youtube-Kanälen (inklusive dem des Unternehmens), Blogs und viele andere Websites gehören zu deinem Werkzeugkasten, wenn du erfolgreich analysieren möchtest. Je mehr Informationen du zu einem Unternehmen sammeln und in deine Analyse einfließen lassen kannst, desto besser. Nimm dir also Zeit, möglichst viel Material anzuschauen, zu lesen oder anzuhören.

2 **Setze dich nicht unter Druck!** Du musst nicht immer schnell und sofort all dein verfügbares Geld investieren, auch wenn du vielleicht das Gefühl hast, gerade Aktien eines tollen Unternehmens zu einem günstigen Preis entdeckt zu haben. In der Regel laufen dir die Aktienkurse nicht innerhalb weniger Tage oder Wochen davon. Versuche immer die Sichtweise beizubehalten, dass du in ein echtes Unternehmen investierst, nicht in Aktienkurse. Für mich ist das auch heute teilweise noch eine kleine Herausforderung. Wenn man Geld auf dem Konto hat, das explizit zum Investieren gedacht ist, kann man es gar nicht abwarten, es direkt in die nächste Aktie zu stecken – stets in der Hoffnung, dass sich das Unternehmen direkt nach dem Kauf zu neuen Höhenflügen aufmacht. Die Realität sieht oft anders aus. Zum einen ist perfektes Timing Glückssache, und zum anderen ist es in der Regel nicht möglich, ein Unternehmen in nur ein bis zwei Stunden ansatzweise zu durchschauen. Statt zu versuchen, eine Entscheidung zu treffen, die man nach ein paar Wochen vielleicht wieder revidieren möchte, sollte man sich von Anfang an nicht selbst unter Stress setzen.

3 **Lege deine Strategie vorher fest!** Bevor du mit dem Investieren beginnst, solltest du dir eine Strategie für dein eigenes Depot überlegen. Du entscheidest individuell, ob du die sogenannte Core-Satellite-Strategie wählst, bei der z.B. ein weltweit aufgestellter ETF das Kernstück deines Depots bildet und einzelne Aktien-Satelliten darum kreisen, oder ob du eine andere Herangehensweise wählst. Es gibt hier kein Richtig oder Falsch. Das Wichtigste ist, dass du

dich mit deiner Strategie wohlfühlst und auch in Phasen fallender Kurse daran festhalten kannst, ohne direkt das Gefühl zu bekommen, alles über den Haufen werfen zu müssen. Sei dir im Vorhinein darüber bewusst, denn dann wird es dir erheblich leichterfallen, ein gewisses Selbstvertrauen aufzubauen und die Weichen zu stellen.

Diese drei Regeln bilden das Fundament des langfristigen Investierens in Einzelaktien.

Aktienanalyse – das A und O

Bevor ich genauer darauf eingehe, wie ich bei der Aktienanalyse vorgehe, stellt sich zuerst die Frage, welches der über 40 000 an der Börse gelisteten Unternehmen ich überhaupt analysieren und unter welchen Annahmen ich meine Wahl eingrenzen könnte.

Hier gibt es mehrere Ansätze, die ich bei meiner Suche nach neuen Aktien verfolge. Außerdem gehört es für mich dazu, sich darauf zu trainieren, die ganze Welt nebenbei auf alles zu scannen, was mit Börse zu tun hat. Man setzt sich im Alltag quasi eine Börsenbrille auf und versucht, auf Aktien bzw. Unternehmen zu achten, die einen umgeben. Allein der Gang durch den Supermarkt offenbart eine ganze Armada an Unternehmen: Unilever, Procter & Gamble, Coca-Cola oder Johnson & Johnson, um nur einige zu nennen, die mit ihren Logos prominent auf den entsprechenden Produkten zu finden sind. Der Supermarkt wird vielleicht von Klimaanlagen der japanischen Firma Daikin oder Mitsubishi gekühlt, der Beton für die Fundamente kam möglicherweise von Heidelberg Materials. Ein Auge dafür zu bekommen ist ein guter erster Schritt, wenn auch lediglich das Kratzen an der Oberfläche.

Gute Aktien kann man finden, wenn man die Produkte und eigentlich seine ganze Umgebung stets hinterfragt. Nur weil wir ein Ben-&-Jerry's-Eis mit dem Firmenlogo im Supermarkt sehen, heißt es nicht, dass es sich dabei automatisch um ein tolles Unternehmen handelt. Ans Eingemachte geht es, wenn man herausfinden will, wer am meisten von der Produktion eines Ben-&-Jerry's-Eises profitiert. Möglicherweise ist es die Firma dahinter, vielleicht aber auch eines der zahlreichen anderen Unternehmen, die an der Produktion beteiligt sind: Eventuell ist die Marge des Aromaherstellers viel besser. Vielleicht verdient auch das Unternehmen, das die Pappbecher produziert, ein kleines Vermögen am Endprodukt? Und wenn man mal ehrlich ist, sind die Stückchen im Eis das Beste an Ben & Jerry's. Werden diese vom Hersteller selber gefertigt oder gibt es sogar dahinter ein Unternehmen? Und wenn ja: Lassen die sich ihre Arbeit gut bezahlen und können sie ihre Preisforderungen gegen den Eishersteller durchsetzen? Oder kann die Magnum Ice Cream Company mit ihnen machen, was sie will? Ein Eis ist auf den ersten Blick ein sehr simples Produkt, und trotzdem wird es hier bereits sehr komplex.

Ein weiterer Ansatz zum Finden guter Unternehmen stellt für mich das Beobachten von großen Trends dar. Dabei meine ich nicht irgendwelche kleinen Moden, die erst auftauchen, dann von diversen Finanzportalen und Börsenbriefen gepusht werden, über die aber anschließend niemand redet. Oft sind die großen und nachhaltigen Trends gerade die, über die kaum jemand redet, weil sie nicht besonders oder „sexy" genug sind, um den nächsten Hype an der Börse loszustoßen.

Ein Thema, das mir hier gleich in den Sinn kommt, ist der demografische Wandel. Wir Menschen werden weltweit gesehen nicht nur immer mehr, sondern wir werden auch immer älter. Dieser Trend ist zwar eher langweilig, aber er ist nachhaltig und wird sich höchstwahrscheinlich nicht von heute auf morgen umkehren. Was ändert sich also im Alter? Es ist kein Geheimnis, dass die Gesundheitskosten im Alter in die Höhe schießen. Viele Krankheiten treten vermehrt im höheren Alter auf und lassen sich aufgrund des medizinischen Fortschritts glücklicherweise gut behandeln, sodass das Leben nach wie vor lebenswert bleibt. Unternehmen, die hierzu beitragen, finde ich sehr spannend. Es finden sich an der Börse beispielsweise einige Anbieter von Prothesen, Herzschrittmachern sowie Hörgeräten und -implantaten. Auch Hersteller von Brillen würde ich zu dieser Kategorie zählen. Dank der Produkte dieser Firmen können sehr viele Menschen das Leben weiterhin genießen. So schreibt das börsennotierte Unternehmen Fielmann in einem seiner letzten Geschäftsberichte: „Wir helfen allen, die Schönheit der Welt zu hören und zu sehen." Ich selbst kann mich noch gut daran erinnern, wie groß meine Freude war, als ich nach dem Aufsetzen meiner ersten Brille wieder in der Lage war, auch in der Ferne scharf zu sehen.

Ein dritter Ansatz, den du bestimmt gut nutzen kannst, ist, dein eigenes Know-how in die Suche einzubinden. Ich habe am Anfang von meiner Ausbildung zur Fachinformatikerin für Systemintegration erzählt. Entsprechend viel hatte ich mit den Produkten und Dienstleistungen vieler spezialisierter

Unternehmen in dieser Branche zu tun. Auch Kolleginnen und Kollegen, die wesentlich mehr Zeit in diesem Bereich verbracht haben, konnten mir von ihren Erfahrungen mit den Produkten einiges berichten. All das können Quellen sein, die du für deine Recherche nutzen kannst. Sprich mit Menschen, von denen du denkst, dass sie etwas zu einer Branche, einem bestimmten Produkt oder einem speziellen Unternehmen sagen können. Dabei solltest du natürlich nicht jede Aussage auf die Goldwaage legen. Aber solche Unterhaltungen können bereits sehr gute erste Ansatzpunkte dafür sein, ob es sich lohnt, ein Unternehmen näher zu betrachten oder nicht.

Auch wenn mir selbst die drei beschriebenen Ansätze sehr dabei helfen, interessante Aktien zu finden und mich immer tiefer in die Materie zu versetzen, darf man nicht vergessen, dass unsere Welt wirklich sehr groß ist. Überall auf dem Globus gibt es wunderbare Unternehmen, an denen man sich beteiligen kann, die aber vielleicht in einer Branche tätig sind, die man im Alltag nicht sieht und in der man auch keine ausgewiesene Expertise hat. Auch in solche kannst du investieren – immer vorausgesetzt, du hast gut analysiert. Gerade bei Einzelaktien ist es wichtig, nicht zu viel Geld in nur ein Unternehmen zu investieren; der Grundsatz der Diversifikation, also das Streuen des Risikos, ist ein Prinzip, das du immer beachten solltest.

Die Analyse – so packst du's an

Wir haben nun über verschiedene Wege eine Aktie gefunden, die uns interessiert. Jetzt stellt sich natürlich die Frage, wie wir weiter vorgehen. Bisher habe ich einzelne Hinweise und Möglichkeiten genannt, die ich zur Analyse einzelner Unternehmen heranziehe (z.B. den Geschäftsbericht und die Unternehmenswebsite), und in diesem Kapitel möchte ich mein Vorgehen näher beschreiben. Natürlich gibt es auch hier kein allgemeingültiges Konzept oder eine universell anwendbare Analysemethode. Jedes Unternehmen ist anders und jeder Mensch setzt auf Basis seiner Strategie oder seiner individuellen Präferenzen andere Schwerpunkte bei der Analyse. Aber das macht es ja gerade so spannend!

Bei der Analyse eines Unternehmens verschaffe ich mir zunächst einen groben Überblick und gehe dann ins Detail. Man kann sich das ein bisschen wie bei Google Earth vorstellen. Wenn man sich irgendeinen Ort auf der Weltkugel genauer anschauen möchte, zoomt man erst mal weit raus, um sich zu orientieren. Man sieht den Kontinent, welche Meere angrenzen, welche Länder hier zu finden sind und wie sie aneinandergrenzen. Man kann die Größe der Länder mit Deutschland oder einem anderen gut bekannten Land vergleichen. Anschließend zoomt man immer weiter rein, und mehr Details werden sichtbar, bald sieht man nur noch ein Land. Die größten Städte werden sichtbar und wie sie im Land verteilt sind, ob sie zentral, in eher bergigen Regionen oder am Meer liegen. Auch fängt man an, Flüsse und Straßen und deren Verlauf durch das Land zu sehen. Wenn man weiter zoomt, landet man bei seiner ausgewählten Stadt, erkennt, wie das Straßennetz dieser Stadt aufgebaut ist, wo sich das Stadtzentrum befindet, ob und wie viele große Parks es gibt und selbst welche Sportarten man hier betreiben kann – etwa wenn Schwimmbäder, Fußballfelder und Tennisplätze zu sehen sind. Wer noch weiter heranzoomt, kann sich jedes Gebäude der Stadt einzeln angucken und selbst kleinste Details auf den Dächern erkennen. Schaltet man schließlich noch in Google Streetview, fühlt es sich bereits so an, als ob man selbst auf der Straße steht und den Autos und Gebäuden direkt gegenübersteht.

Dieses Vorgehen lässt sich in meinen Augen relativ gut auf die Analyse von Aktien übertragen. Zunächst ist es sinnvoll, sich den Markt anzusehen, in dem sich das Unternehmen befindet. Wie viele Mitbewerber sind an der Börse gelistet? Hier ist es von Vorteil, wenn es nicht direkt zwanzig verschiedene Unternehmen gibt, die alle im gleichen Bereich tätig sind und die man sich entsprechend anschauen müsste, um sich einen guten Überblick über die Branche zu verschaffen. Noch „einfacher" wären da Unternehmen, die ein fast schon monopolartiges Dasein genießen. Aber generell besteht fast immer eine gewisse Konkurrenz, und das ist auch gut so, denn es sorgt dafür, dass sich die Unternehmen und Produkte stetig verbessern und sich weiterentwickeln. Ansonsten gilt es herauszufinden, ob das betrachtete Unternehmen in der Branche vielleicht sogar Marktführer ist, und wenn nicht, was der Marktführer besser oder vielleicht auch schlechter macht.

Mit all diesen Fragen erkennst du, wie das Unternehmen auf dem Markt positioniert ist und ob man davon ausgehen kann, dass es auch in den nächsten Jahren profitabel wachsen und seine Produkte zu guten Preisen an die Kunden verkaufen kann. Es kann von Vorteil sein, sich stets auf die Marktführer zu konzentrieren, aber das hängt sehr von den eigenen Präferenzen ab. Ich habe auch schon mehrfach gehört, dass jemand lieber in den Zweit- oder Drittplatzierten einer Branche investiert, weil dort möglicherweise mehr Aufholpotenzial und Wille bestehen, eines Tages selbst Marktführer zu werden. In den meisten Branchen gibt es ohnehin nicht „den einen“ Gewinner, der den ganzen Marktplatz beherrscht, sondern immer mehrere Unternehmen, die ganz vorne mitspielen.

Zur Recherche der einzelnen Unternehmen schaue ich mir die Website des Unternehmens an, lese mich in die Produkte und Dienstleistungen ein, sehe mir an, was zum Management geschrieben steht, und werfe einen Blick auf den Bereich „Investor Relations“. Auch lade ich mir mindestens den letzten Geschäftsbericht herunter. Bevor ich darauf näher eingehe, ist mein nächster Schritt mit etwas mehr Entertainment verbunden, kann aber auch viel Zeit in Anspruch nehmen: Ich suche nämlich bei Google und YouTube nach interessanten Videos und Artikeln über das Unternehmen. Dabei konzentriere ich mich vor allem auf Interviews mit dem CEO oder anderen Personen aus dem Managementteam, aber auch die gezielte Suche nach Aktienanalysen anderer Autorinnen und Autoren gehört für mich dazu. Die eigene Analyse wird damit beinahe zu einer Metaanalyse, die durch Erkenntnisse und Analysen aus anderen Quellen ergänzt werden kann. Ganz pragmatisch gesehen bedeutet das auch manchmal eine kleine Abkürzung oder Zeitersparnis.

Wichtig ist, dass man nicht alles, was in der Analyse auf irgendeinem Investmentblog oder Finanzportal steht, ungefiltert übernimmt, sondern es immer hinterfragt. Ist die Analyse vielleicht schon etwas veraltet? Stimmen die Angaben und Kennzahlen, die herangezogen worden sind, und wurden die richtigen Schlüsse daraus gezogen?

Von meiner Arbeit rund um meinen Finanzblog weiß ich nur zu gut, dass es gar nicht so einfach ist, verlässliche Daten und Kennzahlen zu einzelnen Unternehmen zu bekommen. Viele Investorinnen und Investoren verlassen sich leider blind auf die Unternehmenszahlen, die sie auf Finanzportalen finden, anstatt sich selbst die Mühe zu machen und einmal in den Geschäftsbericht zu schauen. Welche Punkte ich mir im Geschäftsbericht besonders genau anschaue, erkläre ich gesondert im nächsten Kapitel.

Um eine Analyse möglichst übersichtlich und einfach zu gestalten, habe ich ein paar Fragen aufgeschrieben, die du wie einen Leitfaden verwenden kannst. Vielleicht findest du es nützlich, die Fragen in einem Word-Dokument zu notieren und sie für interessante Unternehmen der Reihe nach zu beantworten. Du kannst sie natürlich beliebig anpassen und um eigene Fragen erweitern, wenn du möchtest. Wie bereits gesagt: Analysen können sehr vielseitig sein, und je nach Branche können auch fachspezifische Fragen dazukommen.

Allgemeine Fragen

1. In welcher Branche ist das Unternehmen tätig?
2. Welche Mitbewerber gibt es innerhalb der Branche?
3. Wie groß ist der Markt oder die Branche, in der das Unternehmen tätig ist, und wie stark ist das Wachstum?
4. Wie hoch ist die Marktkapitalisierung des Unternehmens, und wie ist sie im Verhältnis zu den Mitbewerbern?

5 Wie sind die Marktanteile aufgeteilt? Sind die Marktanteile des Unternehmens eher steigend oder eher rückläufig?
6 Wäre das Produkt bzw. die Dienstleistung auch dann noch relevant, wenn sich die Mode oder die Stimmung in der Bevölkerung ändern würde?
7 Verfügt das Unternehmen über einen sogenannten „Burggraben“, also einen dauerhaften Wettbewerbsvorteil gegenüber der Konkurrenz (hohe Einstiegshürden ins Geschäft)?

Betrachtung des Managements

1 Wer leitet das Unternehmen?
2 Was haben diese Personen vorher gemacht, welche Berufserfahrung haben sie?
3 Stehen die Interessen des Managements mit jenen des Unternehmens im Einklang?
4 Handelt das Management im Interesse der Aktionärinnen und Aktionäre?
5 Ist das Management selbst in größerem Umfang mit Aktien am Unternehmen beteiligt?
6 Wechselt das Management häufig?

Detailarbeit

Das Lesen des Geschäftsberichts habe ich schon mehrfach erwähnt, weil es für mich ein entscheidender Faktor ist. Worauf ich dabei genau achte, erkläre ich dir im nächsten Kapitel. An dieser Stelle nur so viel: Ich ziehe es bis auf wenige Ausnahmen vor, in Ländern zu investieren, in denen der Geschäftsbericht und weitere Unternehmensdokumente leicht zugänglich und zumindest in englischer Sprache verfügbar sind.

Lesen, lesen, lesen und nochmals lesen: Es ist zwar mit viel Arbeit verbunden, aber wer wirklich in die Details eines Unternehmens eintauchen will, kommt um das Lesen nicht herum. Berichte, Artikel, Analysen, Bewertungen und Bücher, die du zum Unternehmen oder der Branche finden kannst, können gute Quellen sein.

Betrachtung der Bilanz, der Gewinn-und-Verlust-Rechnung und der Kapitalflussrechnung

Es wäre falsch zu behaupten, dass ich diese Dokumente wirklich bis ins kleinste Detail studiere. Auch gibt es sicher viele Menschen, die das Lesen und Verstehen von Bilanzen viel besser und umfassender erklären können als ich. Dennoch möchte ich kurz auf einige Punkte und Kennzahlen eingehen, die ich bei der Analyse eines Unternehmens betrachte, und aufzeigen, welche Fragen ich dabei zu beantworten versuche. Bilanz (Balance Sheet), Gewinn-und-Verlust-Rechnung (GuV/Income Statement) und Kapitalflussrechnung (Cashflow Statement) sind Bestandteile des Konzernabschlusses und in jedem Geschäftsbericht zu finden.

Beginnen wir mit einem Blick in die Bilanz: Oberflächlich betrachtet besteht diese aus einer Aktiv- und einer Passivseite. Die Aktivseite zeigt, wofür das Vermögen verwendet wird, und die Passivseite zeigt, woher dieses Vermögen stammt. Aktiv- und Passivseite müssen in der Summe immer den gleichen Betrag ergeben. Nimmt ein Unternehmen beispielsweise einen Kredit über 20 000 € auf, um eine neue Maschine für die Produktion zu kaufen, so werden diese 20 000 € auf der Passivseite als Fremdkapital bzw. Schulden oder Verbindlichkeiten ausgewiesen. Auf der Aktivseite würde man sehen, dass diese 20 000 € in Maschinen und Ähnliches geflossen sind.

Ebenfalls auf der Aktivseite findet sich in der Regel eine Position, die angibt, wie viel Kapital derzeit in den Vorräten (Inventories) gebunden ist, oder anders ausgedrückt, ob das Lager überfüllt ist und das Unternehmen auf Waren sitzt und diese möglicherweise nicht loswird. Die Entwicklung dieses Wertes ist sehr interessant, muss aber auch immer in Relation zum Unternehmenswachstum bzw. zur Unternehmensgröße gesehen werden. Auch die Branche des Unternehmens spielt bei der Betrachtung der Lagerbestände eine Rolle.

Bestandteile von Aktiva und Passiva

Bilanz

Aktiva	Passiva
A **Anlagevermögen** immaterielle Vermögensgegenstände Sachanlagen Finanzanlagen	A **Eigenkapital** Gezeichnetes Kapital Kapitalrücklage Gewinnrücklage Gewinn-/ Verlustvortrag
B **Umlaufvermögen** Vorräte Forderungen Wertpapiere Kassenbestand Bankguthaben	B **Rückstellung** C **Verbindlichkeiten** D **Rechnungsabgrenzungsposten** E **Passiv latente Steuern**
C **Rechnungsabgrenzungsposten**	
D **Aktiv latente Steuern**	
E **Aktiver Unterschiedsbetrag aus der Vermögensverrechnung**	
∑ Summe Aktiva	∑ Summe Passiva

Quelle: https://www.buchhaltung-einfach-sicher.de/buchhaltung/bilanz

Auf der Aktivseite verbirgt sich außerdem die Cash-Position. Ein gewisses Cash-Polster gibt mir als Investorin eines Unternehmens meist ein gutes Gefühl, da das Unternehmen zumindest kleinere unvorhergesehene Ereignisse verkraften kann, ohne direkt neue Kredite zu ungewissen Konditionen aufnehmen zu müssen. Hier gibt es durchaus Parallelen zu einer Privatperson. Darauf werden wir im Kapitel „Deine Cashreserve“ (S. 167) noch näher eingehen.

Zurück zur Bilanz: Neben den einzelnen Positionen schaue ich mir die Eigenkapitalquote an. Diese beschreibt den Anteil des Eigenkapitals am Gesamtkapital (Eigenkapitalquote = Eigenkapital ÷ Gesamtkapital), vereinfacht ausgedrückt den Anteil des Kapitals, das nicht geliehen ist. Als Faustregel gilt: Je höher die Eigenkapitalquote, desto höher ist die Zahlungsfähigkeit bzw. Kreditwürdigkeit des Unternehmens. Mit anderen Worten: Die Eigenkapitalquote kann ein Indikator für den Verschuldungsgrad eines Unternehmens sein.

Nachdem du nun bei der Analyse deiner Einzelaktie die allgemeinen Fragen und die zum Management beantwortet hast, bist du in finanzielle Details eingestiegen. Hierzu gibt es weitere grundlegende Fragen, mit denen du dich beschäftigen solltest:

1 **Verdient das Unternehmen überhaupt Geld oder macht es Verluste?**

Ich persönlich fühle mich am wohlsten, wenn das Unternehmen, in das ich investiere, bereits Geld verdient – also profitabel ist. Natürlich gibt es auch sehr interessante Unternehmen, die den Sprung in die Profitabilität noch nicht geschafft haben, aber in der Regel versuche ich da eher auf Distanz zu bleiben und erst einmal zu beobachten. Wenn es dem Unternehmen gelingt, seine Produkte gewinnbringend zu verkaufen, kann ich immer noch einsteigen und den weiteren Weg des Unternehmens begleiten. Nicht alle Unternehmen an der Börse schaffen es, nachhaltig Gewinne und Cashflows zu erwirtschaften. Vielleicht sind die Produkte nicht gut genug und werden nicht oft genug gekauft, vielleicht arbeitet das Unternehmen auch zu unwirtschaftlich. Deshalb warte ich lieber ab und begrenze damit das Risiko eines Totalverlustes, auch wenn ich vielleicht einen Teil der Kursgewinne verpasse.

2 Wie hoch ist die Eigenkapitalrendite? (Return on Equity = ROE)

Die Eigenkapitalrendite beschreibt, wie erfolgreich ein Unternehmen sein Eigenkapital einsetzt. Da man sich als Aktionär durch den Kauf von Aktien am Unternehmen beteiligt und dem Unternehmen nicht nur Geld leiht, wie es etwa bei Anleihen der Fall wäre, gelten Aktien auch als Eigenkapital und nicht als Fremdkapital. Die Eigenkapitalrendite kann einen Hinweis auf die Effizienz des Kapitaleinsatzes eines Unternehmens liefern. Insbesondere bei Vergleichen mit anderen Unternehmen gilt: Je höher die Eigenkapitalrendite, desto besser. Aber Vorsicht: Eine hohe Eigenkapitalrentabilität ist kein automatischer Garant für eine langfristig hohe Gesamtrendite. Die Eigenkapitalrendite sollte auch immer im Zusammenhang mit der Eigenkapitalquote (Eigenkapital/Gesamtkapital x 100) betrachtet werden, da die Aussage sonst schwer zu beurteilen ist. Die Eigenkapitalrendite errechnet sich wie folgt:

Gewinn ÷ Eigenkapital. Das Ergebnis kann dann mit 100 multipliziert werden, um den prozentuellen Wert zu erhalten.

3 **Wie hoch ist die Rendite auf das eingesetzte Kapital? (Return on Capital Employed = ROCE)**
Diese Kennzahl beschreibt die Rendite auf das eingesetzte Kapital eines Unternehmens. ROE und ROCE klingen sehr ähnlich und werden daher gerne verwechselt. Dennoch bestehen feine, aber wichtige Unterschiede zwischen den beiden Bewertungskennzahlen. Die Kennzahl ROCE wird zur Beurteilung der Effizienz eines Unternehmens herangezogen und aus dem EBIT (Earnings before Interest and Taxes) geteilt durch das „Capital Employed" berechnet. Im Gegensatz zum ROE, bei dem der Gewinn im Zähler steht, werden beim ROCE also Zinsen und Steuern nicht berücksichtigt.

Das Capital Employed kann aus verschiedenen Positionen der Bilanz berechnet werden, und seine Zielsetzung ist, nur das Kapital des Unternehmens einzubeziehen, das für den Betrieb des Kerngeschäfts benötigt wird. Dies kann beispielsweise passieren, indem man das Anlagevermögen aus der Bilanz mit Betriebskapital (auch Working Capital) addiert. Auch hier wird der Unterschied zur Eigenkapitalrendite deutlich, bei der einfach das Eigenkapital im Nenner steht.

Obwohl Aktien wie gesagt ebenfalls zum Eigenkapital gehören, haben sie keine aktive Funktion für das Kerngeschäft und werden deshalb bei der Berechnung des Capital Employed nicht berücksichtigt.

Wie ist der ROCE zu deuten? Wenn ein Unternehmen ein ROCE von 15 % hat, bedeutet das, dass das Unternehmen für jeden Euro Kapitaleinsatz 15 Cent (vor Zinsen und Steuern) erlöst.

ROCE und ROE können sich bei der Beurteilung einer Aktie ergänzen. Beide Kennzahlen geben Anhaltspunkte für die Effizienz eines Unternehmens. Sie können zum Vergleich mit anderen Unternehmen herangezogen werden, und beide Kennzahlen sind als umso positiver zu bewerten, je höher sie sind.

4 Marge, Marge, Marge

Während der Analyse solltest du auf jeden Fall einen Blick auf die Margen des Unternehmens werfen. Auch hierbei gilt es, nicht nur einen einzelnen Zeitpunkt herauszupicken, sondern die Entwicklung der Marge über einen möglichst langen Zeitraum zu betrachten. Man unterscheidet zwischen der Bruttomarge (eng. Gross Margin), der Nettomarge (eng. Net Margin) und der operativen Marge (eng. Operating Margin).

Bruttomarge: Die Bruttomarge gibt an, wie viel Prozent vom Umsatz noch eingenommen werden, nachdem die direkten Kosten bzw. Herstellungs- und Arbeitskosten für das Produkt abgezogen worden sind. Ich persönlich halte die Bruttomarge fast für die wichtigste Kennzahl, denn wenn die Bruttomarge besonders hoch ist, hat das Unternehmen entsprechend mehr Geld zur Verfügung, um es in Marketing, Forschung und Entwicklung oder andere Geschäftsbereiche zu investieren. Außerdem gibt die Bruttomarge Aufschluss darüber, wie effizient das Unternehmen im Vergleich zur Konkurrenz arbeitet.

Nettomarge: Im Gegensatz zur Bruttomarge bezieht die Nettomarge alle Kosten des Unternehmens aus allen Bereichen in die Berechnung ein. Sie gibt also an, wie viel Prozent des Umsatzes nach Abzug aller Kosten (z. B. Vergütung des Managements, Miete, Verwaltung, Steuern und Abschreibungen) übrig bleiben.

Die Bruttomarge hilft bei der Bestimmung der Effizienz und Profitabilität der Produktion bzw. Herstellung, während die Nettomarge die Profitabilität des gesamten Unternehmens sichtbar macht.

Operative Marge: Die operative Marge wird manchmal auch als EBIT(Earnings Before Interest and Taxes)-Marge bezeichnet. Bei der Berechnung wird das Gesamtergebnis bzw. das EBIT, also das Betriebsergebnis vor Abzug von Steuern, ins Verhältnis zum Umsatz gesetzt.

Die operative Marge wird oft auch für einzelne Produkte oder Geschäftsbereiche berechnet und kann entsprechend dazu genutzt werden, diese separat zu betrachten.

5 **Wie hoch ist die Verschuldung (Net Debt)?**
Wie bereits erwähnt, findet sich die Verschuldung auf der Passivseite der Bilanz. Insbesondere in Zeiten steigender Zinsen können hier hohe Belastungen für Unternehmen anfallen. Besonders gut gefallen mir Unternehmen, die keine oder nur sehr überschaubare Schulden haben, aber das ist eher die Ausnahme als die Regel. Wenn den Schulden zumindest eine solide Cash-Position gegenübersteht, mache ich mir schon etwas weniger Sorgen.

Auch hier muss man sehr individuell schauen. Die Bilanzen von Banken weisen z. B. teilweise eine enorme Verschuldung auf, was in diesem Fall aber nicht unbedingt bedeutet, dass das Unternehmen ein Problem hat. Generell ist die Bewertung von Banken sehr schwierig und etwas, an das ich mich bisher nicht wirklich herangetraut habe. Das gilt übrigens auch für einige Autohersteller, die neben dem Autogeschäft eine eigene Bank betreiben.

6 **Wie hoch fällt das EBITDA (Earnings Before Interest, Taxes, Depreciation and Amortization) aus?**
Das EBITDA ist insbesondere für den Vergleich von Unternehmen interessant, die in verschiedenen Ländern oder gar auf verschiedenen Kontinenten sitzen und entsprechend andere Ausgangspositionen hinsichtlich der zu zahlenden Zinsen und Steuern haben. Sofern man nicht plant, das Unternehmen mit Konkurrenten zu vergleichen, halte ich die Betrachtung des reinen Gewinns bzw. der Earnings per Share (EPS) am Ende für wichtiger. Wie bereits gesagt, versuche ich, profitable Unter-

nehmen zu finden, und ein positives EBITDA kann nach der Verrechnung von Zinsen, Steuern und Abschreibungen trotzdem unterm Strich zu einem Verlust führen.

7 Wie hoch ist der Verschuldungsgrad?

Das Verhältnis aus den beiden vorher genannten Größen ergibt den sogenannten Verschuldungsgrad (Berechnung: Net Debt ÷ EBITDA). Der Verschuldungsgrad gibt an, wie lange es dauern würde, bis ein Unternehmen seine gesamten Schulden allein aus betrieblichen Erträgen decken könnte.

8 Wie hoch ist der Goodwill des Unternehmens?

Der „Goodwill" (wörtlich „Wohlwollen" oder auch „guter Wille") ist nicht leicht zu definieren, aber ich versuche es mit einem Beispiel: Bei der Übernahme eines Unternehmens wird als Kaufpreis häufig sehr viel mehr aufgerufen als der tatsächliche Substanzwert des Unternehmens. Dieser Kaufpreis ergibt sich aus der Addition aller Vermögenswerte des Unternehmens, also Immobilien, Maschinen, Lizenzen und Patente.

Der Kaufpreis der Alpha AG beträgt 100 Millionen, der Substanzwert 30 Millionen. Daraus ergibt sich ein Goodwill von 70 Millionen.

Warum ist das Unternehmen Beta AG dennoch bereit, einen Kaufpreis zu zahlen, der den Substanzwert so deutlich übersteigt? Das Unternehmen ist natürlich nicht naiv, sondern kalkuliert mögliche Gewinnsteigerungen in der Zukunft mit ein. Der Goodwill wird demnach durch unternehmensinterne und -externe Faktoren gerechtfertigt. Dazu gehören ein gutes Management, neue, zukunftsträchtige Marken, Forschungs- und Entwicklungsleistungen oder kompetente Mitarbeiterinnen und Mitarbeiter.

Ein bekanntes Beispiel für eine Unternehmensübernahme, bei der ein extrem hoher Goodwill entstanden sein dürfte, ist die Übernahme von Instagram durch Facebook. Instagram hatte zu diesem Zeitpunkt nur 12 Mitarbeitende und noch keinen Umsatz.

In diesem Kapitel hast du einige Anregungen und Ideen bekommen, welche Kennzahlen du dir bei der Aktienanalyse ansehen kannst.

Bewusst habe ich einige wichtige Punkte vorgestellt, bin aber nicht auf alle Aspekte und Bewertungsmodelle einer vollständigen Analyse eingegangen. Gerade auf Einsteigerinnen und Einsteiger kann das pure Durchkauen diverser Kennzahlen sperrig und recht langweilig wirken. Auch möchte ich darauf hinweisen, dass es ganze Bücher zur Analyse einer Bilanz oder zum Analysieren von Unternehmen gibt. Eine Auswahl hierzu empfehle ich am Ende dieses Buches (ab S. 224).

Mit diesem Überblick habe ich dir einen ersten Eindruck davon vermittelt, wie ich bei der eigenen Analyse vorgehe. Jede Bewertung ist individuell, und für jedes Unternehmen können andere Aspekte von Bedeutung sein.

Im nächsten Abschnitt gehe ich genauer auf einen Kernpunkt meiner Analyse ein, der bei wirklich jedem Unternehmen eine wichtige Rolle spielt – der Geschäftsbericht.

GOOD TO KNOW | Jedes börsengelistete Unternehmen hat eine Investor-Relations-Abteilung. Diese ist nicht nur für die Pflege der entsprechenden Webinhalte zuständig, sondern für die Pflege der Beziehungen zu den Investorinnen und Investoren. Dazu gehört auch, auf Fragen zu antworten, die sich möglicherweise während der Analyse auftun.

Leider messen nicht alle Investor-Relations-Abteilungen diesem Teil ihrer Arbeit große Bedeutung bei, sodass man manchmal überhaupt keine Antwort erhält oder sehr lange auf sie warten muss. Aber ebenso gibt es positive Beispiele und hervorragende Investor Relations Manager. Auch die Reaktion eines Unternehmens auf die Frage eines Investors kann als Indiz herangezogen werden, wie das Unternehmen mit den eigenen Teilhabern umgeht.

Falls während der Analyse Fragen auftauchen, die du anhand der Unternehmensdokumente nicht beantworten kannst, scheue dich nicht, die Investor-Relations-Abteilung per E-Mail oder sogar telefonisch zu kontaktieren.

Der Geschäftsbericht

Der Geschäftsbericht, auch Annual Report genannt, ist ein Bericht, der die aktuelle Lage und den Verlauf des vergangenen Geschäftsjahres darstellt. Wie es der Name vermuten lässt, erscheint dieser Bericht für jedes börsennotierte Unternehmen jährlich und erläutert alle möglichen Details, insbesondere hinsichtlich der Bilanzen, Cashflows und die Gewinn-und-Verlust-Rechnung (GuV). Zusätzlich finden sich teilweise auch Prognosen und Pläne für die zukünftige Ausrichtung des Unternehmens.

Der Geschäftsbericht hat einen hohen Stellenwert in deiner Unternehmenskommunikation und sollte ein Ankerpunkt bei der Recherche sein. Nach einem ersten Eindruck und einer kurzen Analyse eines Unternehmens ist der Geschäftsbericht für mich immer die erste Anlaufstelle für weitere und detaillierte Informationen.

Um korrekte und verlässliche Daten zu erhalten, ist ein Blick in den Geschäftsbericht unerlässlich. Tools und Webseiten zur Recherche können hilfreich sein, um sich einen Überblick zu verschaffen, sollten aber nicht die alleinige Grundlage für Investitionsentscheidungen bilden, da die Datenqualität nicht immer hoch ist.

GOOD TO KNOW | Bevor wir auf die in meinen Augen spannendsten Abschnitte des Geschäftsberichts eingehen, sollte erst mal geklärt werden, wo du diesen überhaupt findest. Wie bei allem, was für potenzielle Investoren eines Unternehmens von Interesse ist, ist die erste Anlaufstelle die Investor Relations Website. In der Regel findet man hier Jahresberichte, Quartalsberichte, Sustainability-Berichte, Präsentationen und vieles mehr.

Da ein Geschäftsbericht durchaus sehr umfangreich sein kann und bei vielen Unternehmen inzwischen nahezu die Form eines ganzen Buches angenommen hat, finde ich es schwierig und eigentlich auch nicht richtig, pauschal zu sagen, man solle immer den ganzen Bericht lesen. Insbesondere für Personen wie mich, die ein Depot mit über 80 Einzeltiteln haben, wäre der Umfang all dieser Berichte viel zu groß, um alles abzuarbeiten – besonders, wenn man neben Börsengeschäften noch andere Dinge zu tun hat.

Was sehe ich mir also an? Zunächst wäre da der Brief an die Aktionärinnen und Aktionäre, der in der Regel von CEO oder Vorstandsvorsitzenden verfasst (oder zumindest abgesegnet und unterschrieben) wurde.

Im Allgemeinen wird ein Blick auf das vergangene Geschäftsjahr geworfen und auf Dinge, die besonders gut gelaufen sind. Vereinzelt wird auch Kritik geübt, oder es werden Verbesserungsmöglichkeiten und deren Umsetzung angesprochen. Häufig kann man hier ein wenig zwischen den Zeilen lesen und bekommt einen Eindruck von der allgemeinen Stimmung im Unternehmen und vom Marktumfeld. Bei der aufmerksamen Lektüre dieses Briefes stellt sich zum Beispiel auch die Frage, welchen Stellenwert wir als Miteigentümer in der Welt des CEOs einnehmen. Werden wir geschätzt und entsprechend respektiert oder erscheinen wir eher wie eine Last? Werden die Aktionärinnen und Aktionäre im Brief überhaupt erwähnt oder wird nur über das Geschäft geschrieben? Welcher sogenannte Shareholder Value wird geboten? Wird berichtet, dass beispielsweise geplant ist, Aktien zurückzukaufen oder die Dividende zu erhöhen?

Auch unternehmensspezifische Fragen und Tendenzen lassen sich auf der Basis dieses Briefes besser einschätzen.

Betrachte den Geschäftsbericht als eine Broschüre über dein mögliches Investment. Häufig enthält er noch weitere Zusatzinformationen wie die Entstehungsgeschichte des Unternehmens, Pläne in Sachen Nachhaltigkeit und viele weitere spannende Details zur Anzahl der Mitarbeiter, der Struktur und natürlich zu Produkten und Geschäftsmodell. Es lohnt sich, für das Studium des Geschäftsberichts ruhig etwas mehr Zeit einzuplanen. Am besten schaust du dir nicht ausschließlich den letzten Geschäftsbericht an, sondern wirfst auch in die vorherigen Berichte einen kurzen Blick. Der Geschäftsbericht versucht oftmals, die vergangene Entwicklung und künftigen Chancen in besonders gutem Licht darzustellen, weshalb es auch hier wichtig ist, mit einer gewissen Neutralität und einem klaren Blick an die Lektüre heranzugehen.

Selbst die Fotos des Managements können in die Beurteilung eines Unternehmens mit einfließen: Lassen sich hier lediglich Einzelbilder finden oder gibt es auch ein Gruppenbild? Lässt sich die Geschäftsführung auf diesem Bild als alleinige Führungsperson darstellen oder entsteht eher der Eindruck eines gleichberechtigten Führungsteams?

Auch ein Blick auf den Jahresabschluss gehört dazu. Wie haben sich Umsatz und Gewinn im Vergleich zu den letzten Jahren entwickelt? Konnten die Margen gesteigert werden oder sind sie gesunken? Wie verhalten sich die Kosten für Forschung & Entwicklung? All das sind Fragen, die man sich bei der Betrachtung stellen kann. Bei vielen der angesprochenen Punkte gibt es natürlich kein Richtig oder Falsch, und nur weil vielleicht kein Gruppenbild im Geschäftsbericht ist, bedeutet das nicht, dass du deshalb nicht in das Unternehmen investieren solltest. Mir geht es hier lediglich darum, dich für die feinen Details zu sensibilisieren, das Lesen zwischen den Zeilen, das ich vorhin bereits angesprochen habe, noch bewusster und selbstverständlicher zu machen. Genau diese Kleinigkeiten können dabei helfen, ein Unternehmen besser einzuschätzen.

GOOD TO KNOW | Ein Hinweis noch zum Unterschied zwischen Aktiengesellschaften in Deutschland und den USA: In den Vereinigten Staaten gibt es eine standardisierte Struktur des Geschäftsberichts. Dieser beginnt immer mit der Beschreibung des Unternehmens und des Geschäftsmodells (Business Model), gefolgt von den Chancen und Risiken (Risk Factors), den ausgewählten Finanzdaten (Selected Financials), dem Wirtschaftsbericht (grob vergleichbar mit der Management Discussion & Analysis) und dem Jahresabschluss & ausgewählten Teilen im Anhang (Financial Statements & Supplementary Data). Das mag auf den ersten Blick etwas kompliziert erscheinen, erleichtert aber den Vergleich von US-Unternehmen untereinander enorm. Wenn man sich also einmal an das Format und den Aufbau gewöhnt hat, kennt man den Aufbau von amerikanischen Geschäftsberichten und weiß, welche Punkte darin enthalten sind.

Aktienkurse und ihre Fallhöhe

Aktienkurse können dramatisch fallen, insbesondere wenn sie zuvor durch einen Hype oder eine Übertreibung in schwindelerregende Höhen gestiegen sind. Solche Ereignisse kommen an der Börse immer wieder vor, und es ist kaum möglich, genau zu bestimmen, wie lange eine Aktie noch steigen wird. Ich selbst ziehe es daher in der Regel vor, mich von Hypes fernzuhalten. Wenn ich eine Aktie besitze, die in einen regelrechten Boom gerät, freue ich mich natürlich und schaue mir das Spektakel an, aber ich versuche, möglichst nicht erst dann in eine Aktie einzusteigen, wenn sie in allen Portalen, News und Zeitungen erwähnt und immer weiter gepusht wird.

Aber zurück zum eigentlichen Thema: Aktienkurse bewegen sich permanent, und gerade Anfängerinnen und Anfänger kann das schnell nervös machen. Hier gibt es meiner Meinung nach auch nur eine Möglichkeit, damit umzugehen, und die heißt „Skin in the Game" – ins Deutsche übertragen in etwa „sein eigenes Geld in ein Unternehmen investieren".

Ich halte wenig davon, mit einem Musterdepot oder einer Watchlist, wie es sie bei vielen Depotanbietern gibt, zu starten. Natürlich kann es sinnvoll sein, sich ein Musterdepot zusammenzustellen und die Kursbewegungen zu beobachten, ohne echtes Geld einsetzen zu müssen, aber die eigene Reaktion ist definitiv eine andere, wenn das echte, eigene Geld im Spiel ist.

Für mich selbst kann ich mittlerweile sagen, dass ich absolut tiefenentspannt bleibe, wenn mein Depot für eine Zeit lang mal 10 % im Minus steht. Auch bei 20 % ist von Panik noch keine Spur, und ich habe gelernt, temporäre Verluste auszusitzen. Selbst wenn mein Depot ganze 50 % im Minus ist, weiß ich, dass die Kurse auch wieder steigen werden. Nur weiß ich nicht, wann. Ein persönliches Erlebnis mit stark fallenden Aktienkursen war zuletzt die Coronakrise. Innerhalb weniger Tage verlor mein Depot rund 35 % an Wert. Zuerst war ich schon etwas beunruhigt. Ein Blick auf meine Aktien heute zeigt davon nichts mehr – die Werte haben sich längst erholt und stehen sogar deutlich höher als vor dem Crash.

GOOD TO KNOW | Ein einfacher, aber sehr wirksamer Trick, um nicht nervös zu werden, ist, einfach nicht ins Depot zu schauen. Wer langfristig investiert und die Unternehmen vor einer Investition genau analysiert, kann es sich leisten, nur einmal im Quartal oder gar halbjährlich ins Depot zu schauen, um den aktuellen Stand der Dinge zu sehen und gegebenenfalls kleine Korrekturen vorzunehmen.

In den letzten fünfzehn Jahren haben etliche Aktien in meinem Depot vorübergehend solche Korrekturen erlebt. Der langfristigen Performance hat das nicht geschadet. Aktien sind sehr volatil, und ich zitiere noch einmal Warren Buffett: „Kaufe nie eine Aktie, wenn du nicht damit leben kannst, dass sich der Kurs halbiert“. Es gehört gewissermaßen dazu, wenn man langfristig investiert, dass man auch mal solche Phasen durchmacht oder ein Unternehmen falsch einschätzt.

Denn eines ist sicher: Aktien bieten enorme Chancen für den langfristigen Vermögensaufbau, wenn man die bereits mehrfach erwähnten Grundregeln wie die Diversifikation beachtet. Wer alles auf eine Karte setzt, riskiert auch, alles zu verlieren. Mit einer sorgfältigen und fundierten Auswahl minimiert man dieses Risiko erheblich und profitiert von den Vorteilen der Börse. Gleichzeitig ist es heute so einfach und günstig wie noch nie, Geld anzulegen und langfristig zu investieren.

Value und Growth, Wert und Wachstum?

Im Kapitel über die Klassifizierung von Aktien haben wir bereits die Begriffe Value und Growth gelesen. Nun möchte ich sie etwas genauer erklären. Viele Investorinnen und Investoren an der Börse identifizieren sich und ihren Anlagestil regelrecht mithilfe der Begrifflichkeiten Value und Growth. Sie bezeichnen sich als Growth- oder Value-Investoren und zeigen damit, in welcher Art von Aktien sie ihr Geld vorzugsweise anlegen. Die US-Börsenlegende Warren Buffett wird als einer der bekanntesten Value-Investoren bezeichnet. Aber was genau meint „Value“? Und worin liegt der Unterschied zu „Growth“?

Die beiden Begriffe sind relativ unscharf, deshalb kommt hier meine Version, die im Großen und Ganzen der allgemeinen Definition entspricht.

Value =
„Substanzwert“

Value-Aktien

Ein Value-Titel ist ein Unternehmen, das in der Regel keine außergewöhnlichen Wachstumsraten mehr aufweist und sich in dieser Hinsicht oft sogar schwächer zeigt als der Gesamtmarkt. Dabei zeichnen sie sich durch ein solides und erprobtes Geschäftsmodell aus, das dem Unternehmen stetige und normalerweise wenig schwankende Umsätze und Gewinne beschert. Es handelt sich also um scheinbar „langweilige“ Unternehmen, die es gefühlt schon immer gibt, z. B. in den Bereichen Nahrungsmittel, Getränke, Haushaltsartikel und Pflegeprodukte (Basiskonsumgüter). Da diese Unternehmen in der Regel keine großen Summen mehr investieren müssen, bleibt für uns Aktionärinnen und Aktionäre entsprechend mehr übrig – zum Beispiel eine ordentliche Dividende.

Ein Portfolio aus Value-Aktien ist daher eher geeignet, einen stabilen Cashflow aufzubauen, utopische Kurs-Gewinn-Verhältnisse gibt es hier eher selten. Ich persönlich investiere lieber in Value-Aktien, versteife mich allerdings nicht darauf, sondern lege einen kleineren Teil meines Kapitals auch in Growth-Aktien an, sofern ich die Zukunftspläne des Unternehmens teile und meine Analyse positiv ausfällt.

Growth =
„Wachstum“

Growth-Aktien

Wie der Name bereits verrät, sind dies Aktien bzw. Unternehmen, die ein besonders starkes Wachstum aufweisen, das weit über dem Durchschnitt des Gesamtmarktes liegt. In den letzten Jahren waren darunter sehr häufig Technologieaktien zu finden, aber das lässt sich bei Weitem nicht verallgemeinern. Bei

Growth-Aktien ist das Kurs-Gewinn-Verhältnis oft besonders hoch: Die aktuellen Gewinne sind im Vergleich zum Kurs bzw. Preis der Aktie zwar noch sehr gering, die Börse bepreist allerdings bereits ein starkes Wachstum für die nächsten Jahre. Es wird davon ausgegangen, dass das Unternehmen den aktuellen Kurs beibehalten kann und in die Bewertung „hineinwächst".

Da der Blick weit in die Zukunft gerichtet ist, während Growth-Unternehmen oft noch Verluste schreiben, kann es zu starken Kursschwankungen kommen.

Die Investition in einzelne Growth-Aktien birgt ein höheres Risiko für größere Kursschwankungen als die in Value-Titel. Gleichzeitig sind aber auch die Chancen höher, das eingesetzte Kapital zu verdoppeln, zu verdreifachen und mehr. Wie schon mehrfach betont, ist es trotz der vielleicht verlockenden Aussichten wichtig, nie alles auf eine Karte zu setzen. Insbesondere wenn noch keine Gewinne und kein positiver Cashflow erwirtschaftet wurden, ist die Wahrscheinlichkeit nicht zu unterschätzen, dass das Unternehmen in den nächsten Jahren pleitegeht oder die Aktionäre durch ständige Kapitalerhöhungen verwässert werden. Außerdem werden bei Growth-Aktien meist keine oder nur sehr geringe Dividenden ausgezahlt, da alle vorhandenen Gewinne vollständig ins Unternehmen reinvestiert werden müssen.

Wie ich bereits angedeutet habe, ist die Bewertung von Growth und Value nicht in Stein gemeißelt. Tatsächlich beginnen die meisten Value-Aktien ihren Werdegang als Growth-Aktien. Ein Unternehmen wie Coca-Cola zum Beispiel konnte noch vor wenigen Jahrzehnten hohe Wachstumsraten vorweisen und wurde deshalb nicht unbedingt als Value-Aktie eingestuft. Heute, nachdem große Teile der Welt als Markt erschlossen sind und die Menschen überall Cola trinken, sind die Wachstumsraten deutlich zurückgegangen. Aus dem einstigen Growth-Unternehmen Coca-Cola ist ein Value-Titel mit stabilen Umsätzen, Gewinnen und steigenden Dividenden geworden.

DIE DIVIDENDE

Für mich war meine erste Dividende einer der Hauptgründe, mich überhaupt weiter mit der Börse zu beschäftigen. Die regelmäßigen Ausschüttungen machen auch heute noch einen großen Teil meiner Motivation aus, gleichzeitig gibt es einige Zusammenhänge, die man zum Thema Dividende verstehen sollte und die mir nicht von Anfang an klar waren.

In den folgenden Kapiteln werden wir uns mit den häufigsten Denkfehlern rund um die Dividende, verschiedenen Strategien, Kennzahlen und Begrifflichkeiten auseinandersetzen. Wir sprechen auch über Sachdividenden, die manchmal in Form eines Pyjamas ausgeschüttet werden, und zum Schluss verrate ich dir meine zentralen Argumente, die für eine Dividende sprechen.

Die Dividende wird vom Kurs abgezogen

Die Ausschüttung einer Dividende führt immer auch zu einem sogenannten Abschlag auf den Aktienkurs. Schüttet ein Unternehmen beispielsweise 2 € pro Aktie aus und der Aktienkurs liegt vor der Ausschüttung bei genau 100 €, so liegt er nach der

Ausschüttung um diesen Betrag niedriger, also bei 98 €.

Ein häufig zu beobachtendes Phänomen im Zusammenhang mit Dividenden findet sich bei deutschen Aktien: Da bei deutschen Unternehmen die Dividende meist nur einmal jährlich ausgeschüttet wird, kommt es vor, dass einige Wochen vor dem anstehenden Ereignis (meist im Zeitraum April und Mai) munter DAX-Titel gekauft werden, um die Dividende zu erhalten. Nicht selten wird das von einschlägigen Finanzmedien noch zusätzlich mit Headlines wie „Hier schnell noch 5 % Dividendenrendite sichern!“ angefeuert. In den Tagen nach der Dividendenzahlung kommt es dann oft zu einem überproportionalen Ausverkauf der Aktien. Vermutlich, weil dann für ein Jahr lang „nichts mehr zu holen ist“. Der Wert der Dividende entsteht allerdings nicht bei der Ausschüttung, sondern bei der Erwirtschaftung des Gewinns im Laufe des Jahres. Insofern ist das Verhalten nicht rational, zumal die Dividende vom Aktienkurs abgezogen wird und man daher nach der Ausschüttung nicht „mehr“ Vermögen hat, sondern bloß einen Teil seines Kapitals in bar zur Verfügung.

Dividende statt Rente?

Niemand weiß genau, was in 30 Jahren sein wird. Was wir aber wissen, ist, dass unser Rentensystem zu einer Zeit aufgebaut wurde, in der die Altersstruktur der Bevölkerung eine vollkommen andere war und die Männer oftmals noch als „Versorger der Familie“ galten.

Vor allem Frauen werden mit einer Rentenlücke von 500 bis 1000 € monatlich konfrontiert sein. Als Rentenlücke bezeichnet man die Differenz zwischen der gesetzlichen Rente und dem

Einkommen, das man während der Erwerbstätigkeit verdient hat. Diese sorgt dafür, dass wir ohne eigene Vorsorge unseren Lebensstandard vermutlich nicht halten können.

Mit langfristig ausgelegten Investitionen können wir dem entgegenwirken und im besten Fall die Rentenlücke nicht nur schließen, sondern haben im Alter sogar mehr Geld zur Verfügung als davor. Auch wenn es drastisch klingt, sollten wir alles tun, damit ein langes Leben nicht zum finanziellen Risiko wird.

Im Alter: wenn **1 000 €** monatlich fehlen?

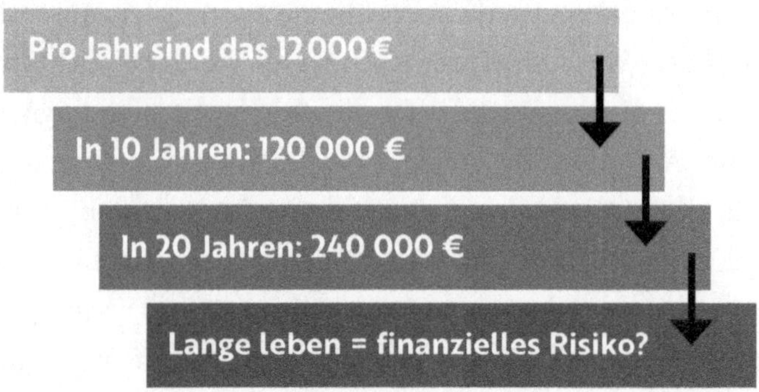

Daher meine klare Aufforderung: Baue dir eine eigene Aktienrente auf! Im Jahr 2021 beträgt die durchschnittliche monatliche Bruttostandardrente in Deutschland 1 536 €. Voraussetzung dafür sind 45 Beitragsjahre.

Bis 2036 soll diese Rente auf 2 310 € steigen, die aber mit anhaltender Inflation eine deutlich geringere Kaufkraft haben wird als 2 310 € heute.

Ich habe durch einen glücklichen Zufall bereits mit 19 Jahren damit angefangen, meine eigene Aktienrente aufzubauen. Damals habe ich es natürlich noch nicht so wahrgenommen, aber ich bin sehr dankbar, den Schritt schon so früh gegangen zu sein. Und es ist nie zu spät! Auch im höheren Alter lohnt es sich anzufangen.

Angenommen, dein Portfolio würde ähnlich wie ein weltweit gestreuter ETF wachsen, also mit beispielsweise 6 % pro Jahr. Dein Depot und mit ihm deine Dividenden würden dann über die Zeit unglaublich an Wert gewinnen – ohne dass du weiteres Geld investieren musst. Würde die gesetzliche Rente ebenfalls mit einer Rendite von 6 % pro Jahr wachsen, würden aus den 1 536 € Rente bis 2036 ganze 3 688 € monatlich, ohne dass man zusätzlich Geld investiert.

Deine eigene Aktienrendite im Depot hat noch einen weiteren Vorteil: Nach deinem Tod kannst du dein Depot an deinen Partner oder deine Partnerin, deine Kinder oder andere Erben weitergeben, die Dividenden laufen unverändert weiter, das investierte Geld arbeitet weiter und wird nicht wie bei der Witwen- oder Waisenrente gekürzt oder gar gestrichen. So kann das Kapital von Generation zu Generation übertragen werden, und du kannst den Grundstein für deinen Wohlstand im Alter und den deiner Familie legen.

„Die Rente ist sicher." Leider wurde dieses Versprechen für viele der heutigen und kommenden Generationen zu einem schlechten Scherz. Wer Anfang der 80er-Jahre sein Berufsleben begann, dem versprach unser Arbeits- und Sozialminister Norbert Blüm, dass die Rente in 40 Jahren sicher sei. Damals wurde den Bürgerinnen und Bürgern ausgerechnet, dass das Rentenniveau im Jahr 2024 bei gut 59 % des Durchschnittslohns liegen würde. Das würde bedeuten, dass man für 1 000 € Lohn durchschnittlich 590 € erhalten müsste. Bei dieser Annahme wären fast alle Renten steuerfrei, da nur der Ertragsanteil versteuert werden müsste. Inzwischen ist das Rentenniveau aber auf 46 % gesunken, hinzu kommen die Sozialabgaben, von denen damals auch nicht die Rede war. Auch von einer vollen Besteuerung der Renten ab 2040 wurde damals nicht gesprochen.

Damit sinkt das damalige Rentenversprechen von 590 € Rente pro 1 000 € Lohn um mehr als 30 % auf nur noch knapp 400 €. Und dieser Trend wird sich in den nächsten Jahren noch beschleunigen, da sich der demografische Wandel bei uns schon bald deutlich stärker bemerkbar machen wird. Zu beachten ist, dass das Rentenniveau generell nur eine statistische Größe ist, die wenig Rückschlüsse auf deine tatsächliche Rente zulässt. Diese hängt von den eingezahlten Beiträgen ab, unabhängig davon, wie hoch das Rentenniveau gerade ist.

Die Rente bleibt damit zwar in gewisser Weise sicher, aber leider nicht ihre Höhe und vor allem nicht die Gewissheit, dass wir von unserer Rente später noch leben können.

Die Dividendenstrategie

Um es vorwegzunehmen: Es gibt nicht „die eine Strategie" an der Börse. Es gibt nicht mal „die eine Dividendenstrategie", und die Überlegungen dazu fallen immer individuell und unterschiedlich aus. Du selbst bist maßgeblich dafür zuständig, eine Strategie zu wählen, die zu dir passt: Wenn du jemand bist, den das tägliche Treiben an den Börsen kaltlässt und der kein Problem damit hat, wenn das Depot auch mal deutlich im Minus ist, dann sieht deine Strategie wahrscheinlich grundlegend anders aus, als wenn Sicherheit für dich das oberste Gebot ist.

Das Spannende ist, dass man in aller Regel erst herausfindet, zu welchem Anlagetyp man gehört, wenn man bereits aktiv geworden ist. Sich selbst richtig einzuschätzen ist schwieriger, als man vielleicht denkt, aber glücklicherweise muss man sich nicht direkt auf eine Strategie festlegen und kann auch im Nachhinein immer Anpassungen vornehmen. Nicht mit dem Investieren zu starten, weil man sich seiner Strategie unsicher ist, gilt also nicht!

Ich persönlich hätte ohne den Erhalt von Dividenden und deren kontinuierliche Steigerung nie so viel Freude am Investieren entwickelt und hätte in den letzten Jahren auch deutlich weniger an der Börse investiert. Mein Ziel für mich heute ist simpel: Ich möchte mehr Dividenden erhalten als im Vorjahr, und dabei vergleiche ich mich nur mit mir selbst. Natürlich kannst du auch ein ganz anderes Ziel verfolgen und zum Beispiel auf die Kursentwicklung des Depots schauen oder einen festen Wert für die gewünschte Dividendensteigerung festlegen.

Bewusst stecke ich mir die Anforderungen hier nicht zu hoch und versuche immer, den wichtigsten Faktor beim Investieren zu berücksichtigen: die Zeit. Ich verfolge also meine eigene Dividendenstrategie. Sie passt zu meinen Erwartungen an die Börse, meiner Fähigkeit, Kurseinbrüche auszusitzen, zu meinem langfristigen Anlagehorizont, und sie hält mich permanent motiviert, weil ich die Früchte meiner Investitionen regelmäßig ernte.

Die Dividendenstrategie als Begriff hat ursprünglich der Wirtschaftswissenschaftler Benjamin Graham geprägt. Sein Buch „The Intelligent Investor“ gilt auch heute noch als Standardwerk zum Thema Börse und ist definitiv eine Empfehlung für all jene, die sich für den Ursprung des Value-Investings und der fundamentalen Aktienanalyse interessieren. Darüber hinaus war er Lehrer und Mentor von Warren Buffett und hat dessen Leben laut Aussage Buffetts massiv beeinflusst. In seinem Buch geht Graham auch auf verschiedene Kennzahlen für erfolgreiches Investieren ein, anhand derer er versucht, den inneren Wert eines Unternehmens festzustellen. Ich möchte diese als weitere Anregung für dich notieren:

1 **Ausreichende Größe des Unternehmens bzw. des Umsatzes** – Graham spricht hier von einem Umsatz von ca. 100 Mio. Dollar, was einem heutigen Wert von ca. 1 Mrd. Dollar entsprechen würde. Er argumentierte, dass Small Caps ein deutlich höheres Risiko bergen und daher größere Unternehmen vorzuziehen seien.

2 **Niedriges KGV** – Für Graham darf das KGV nicht höher als 15 liegen, besser wäre noch unter 10.

3 **Niedriges KBV** (Kurs-Buchwert-Verhältnis) – Um unterbewertete Unternehmen zu finden, sucht Graham nach Unternehmen, die maximal ein KBV von 1,5 haben (Kurs durch Buchwert je Aktie), deren Marktkapitalisierung an der Börse also nur wenig niedriger sein durfte als der Buchwert.

4 **Gewinne** – Graham ist es ebenfalls wichtig, nur in Unternehmen zu investieren, die bereits Profit machen. Darüber hinaus legt er Wert darauf, dass die Gewinne stabil sind und keinen großen Schwankungen unterliegen.

5 **Gewinnwachstum** – Neben stabilen Gewinnen möchte Graham auch ein stabiles Gewinnwachstum sehen. Als Orientierung sieht er eine Gewinnsteigerung pro Aktie von 1,3 (also etwa ein Drittel) während der letzten drei Jahre im Vergleich zum durchschnittlichen Gewinn der letzten zehn Jahre – oder natürlich darüber.

6 **Dividenden** – Graham befürwortet Dividenden, und eine regelmäßige Ausschüttung gehört für ihn zu einem guten Investment in ein unterbewertetes Unternehmen dazu.

7 **Schulden bzw. solide Bilanz** – Unternehmen, die eine solide Balance zwischen Vermögen und Schulden aufweisen, die also mindestens doppelt so viel Vermögen wie Schulden haben. [10]

Auch wenn ich den Ansatz sehr gut nachvollziehen und einiges daraus lernen kann, sind die einzelnen Kriterien von Graham heute nicht mehr in vollem Umfang anwendbar. So finden sich viele Unternehmen (z. B. Coca-Cola, Johnson & Johnson, Cisco Systems), die allgemein als Value-Titel gelten, nicht mehr nur mit einem KGV unter 15 oder gar unter 10. Das mag an unserer modernen Technologie liegen, die es viel einfacher macht, Aktien nach entsprechenden Kriterien zu filtern. Zudem agieren Unternehmen heute ganz anders am Markt und können das Gewinnwachstum pro Aktie zum Beispiel durch Aktienrückkäufe stark beeinflussen. Dies wäre zwar auch früher theoretisch möglich gewesen, wurde aber in der Praxis kaum gemacht.

---

10 Benjamin Graham, The Intelligent Investor

Betrachte niemals nur eine Kennzahl allein, um dich für ein Investment zu entscheiden – beziehe stets möglichst viele Informationen in die Entscheidung mit ein.

Dividenden und Denkfehler

Dividenden sind wirklich eine tolle Sache! Ich selbst verfolge eine Dividendenstrategie, die mich Tag für Tag motiviert, zu investieren. Dadurch, dass die Dividende bei sehr vielen Anlegerinnen und Anlegern beliebt ist, haben sich aber viele Denkfehler eingeschlichen. Auf die gängigsten möchte ich kurz eingehen und sie zurechtrücken. Der vielleicht häufigste Denkfehler im Zusammenhang mit Dividenden: Sie seien „geschenktes Geld". Auch wenn ich mich in diesem Punkt wiederhole: Das stimmt nicht. Eine Dividende wird vom Aktienkurs des Unternehmens abgezogen. Am Tag nach der Dividendenzahlung wird die Aktie „ex Dividende" gehandelt, also abzüglich des ausgeschütteten Betrags, entsprechend führt die Dividende zu einem sogenannten Kursabschlag, der Aktienkurs sinkt um den Wert der ausgeschütteten Dividende. In Bezug auf das eigene Vermögen ist eine Dividende in der Theorie zunächst einmal neutral und kein geschenktes Geld bzw. kein Vermögenszuwachs.

In der Praxis ist es bei soliden Dividendenaktien meistens so, dass man den Kursabschlag gar nicht richtig wahrnimmt oder er sehr schnell wieder „aufgeholt" wird. Das ist aber keineswegs immer der Fall, und man sollte sich nicht darauf verlassen.

Gelegentlich liest man auch den Satz: „Die Dividende ist der neue Zins." Das ist leider ebenso falsch! Ein Zins ist eine Prämie, die man für das Bereitstellen seines Kapitals erhält. So wie ich als Kind mit Begeisterung meine Sparzinsen eingestrichen habe, aber auch, wenn man beispielsweise eine Anleihe (ein Wertpapier) eines Unternehmens oder eines Landes kauft. Der Zins, den man bei einer Anleihe über ihre Laufzeit erhält, steht von Anfang an fest, und sofern das Land oder das Unternehmen nicht bankrottgeht, ist die Zahlung des Zinses als „sicher" einzustufen.

Eine Dividende hingegen ist eine Gewinnbeteiligung, die durch die Hauptversammlung des Unternehmens beschlossen wird. Wie hoch die Dividende in den nächsten Jahren sein wird, lässt sich kaum vorhersagen, sondern nur schätzen, und es ist keineswegs sicher, dass überhaupt eine Dividende gezahlt wird, da ein Unternehmen dazu auch nicht verpflichtet ist.

In der Coronakrise haben beispielsweise einige solide Dividendentitel (z. B. The Walt Disney Company, Vinci), die jahrelang zuverlässig gezahlt haben, plötzlich ihre Ausschüttungen eingestellt oder deutlich verringert. So etwas kommt an der Börse immer wieder vor. Dividendentitel sind oft, aber keineswegs immer, auch solide Unternehmen, und Schwankungen im Geschäftsverlauf können schnell zu Schwankungen bei den Dividendenzahlungen führen. Die Dividende allein ist daher wenig aussagekräftig und muss immer im Zusammenhang mit dem Unternehmen gesehen werden.

Dividende – Kennzahlen

Auch wenn die Dividende nur eines von vielen Kriterien bei der Aktienauswahl ist, kann es nicht schaden, verschiedene Dividendenkennzahlen genauer unter die Lupe zu nehmen. Hier ist eine Checkliste der Faktoren, auf die ich bei der Auswahl von Dividendenaktien achte.

Checkliste

- **Dividende und Dividendenrendite:** Wie hoch ist der Ertrag gemessen am aktuellen Kurs? Wie hoch ist die durchschnittliche Dividendenrendite der vergangenen Jahre? Woraus wird die Dividende gezahlt? Kann sich das Unternehmen die Dividende „leisten“, d. h., kann sie problemlos aus dem Gewinn oder dem Free Cashflow finanziert werden, oder muss sie aus der Substanz des Unternehmens gezahlt werden?

- **Ausschüttungsquote (Payout Ratio):** Das ist der prozentuale Anteil der Dividendenzahlungen am Gewinn oder am Free Cashflow. Die Dividende sollte bestenfalls einen Anteil am Gewinn zwischen 25 % und maximal 75 % ausmachen und das über einen Zeitraum der letzten drei Jahre oder länger.

- **Kontinuität/Historie:** Wie viele Jahre in Folge wurde die Dividende zuverlässig gezahlt und nicht gekürzt?

- **Dividendenwachstum:** Um wie viel Prozent wurde die Dividende durchschnittlich pro Jahr erhöht? Die Betrachtung dessen ermöglicht einen sehr einfachen ersten Eindruck über zukünftige Dividendenzahlungen.

Das Dividendenwachstum

Wie der Name schon sagt, handelt es sich um das jährliche Wachstum der Dividende, die ein Unternehmen zahlt. Betrachtet man die Entwicklung über mehrere Jahre, lässt sich schnell ein Trend erkennen, den man in der Regel als prozentualen Wert angibt.

Am Beispiel der Microsoft-Aktie und der Entwicklung über die letzten drei Jahre lässt sich gut ein solides Wachstum erkennen: Im Jahr 2019 hat das Unternehmen eine Dividende von 0,46 $ pro Quartal und Aktie an seine Aktionärinnen und Aktionäre ausgeschüttet. Auf ein Jahr gesehen waren das je 1,84 $ pro Aktie. Diese wurde im Jahr 2020 um knapp 10,87 % auf 2,04 $ erhöht und das trotz Coronakrise. Im Jahr 2021 stand die Dividende bereits weitere 9,8 % höher bei 2,24 $ und hat im Jahr 2022 einen erneuten Anstieg um 10,71 % auf 2,48 $ gemacht. Innerhalb von nur drei Jahren ist die Dividende also von 1,84 $ auf 2,48 $ gewachsen. Das ist insgesamt eine Steigerung von rund 34,78 %[11].

Es gibt tatsächlich einige Aktien, die beim Dividendenwachstum eine fast unglaubliche Performance hinlegen. Für mich persönlich ist das eine große Motivation! Wenn man diese Zahlen mal auf andere Bereiche wie den Job überträgt, wird vielleicht noch etwas klarer, was für Ausmaße dieses Wachstum hat: Angenommen, du verdienst in deinem Beruf 2 500 € brutto. Ohne dass du dich auch nur im Geringsten anstrengst, verschiedene Weiterbildungen besuchst und wirklich alles für das Unternehmen gegeben hast, bietet dir dein Chef nach drei Jahren ganz von allein eine Gehaltserhöhung auf 3 525 € an. Spätestens jetzt wird

11 https://www.microsoft.com/en-us/Investor/dividends-and-stock-history.aspx

dir klar, dass es so etwas in der Realität nicht wirklich gibt. Aber genau das ist bei Aktien mit einem ausgeprägten Dividendenwachstum keine Seltenheit. Eine solide Analyse des Unternehmens und der Dividendenpolitik, gefolgt von einem Investment, kann diesen Effekt zur Folge haben.

Gutes vs. schlechtes Wachstum?

Jetzt stellt sich noch die Frage, wie viel Prozent pro Jahr Dividendenwachstum gut oder schlecht sind. Ich selbst betrachte ein Dividendenwachstum von über 10 % pro Jahr über die letzten 5 Jahre als sehr gut. Realistisch betrachtet sind aber auch 5–10 % bereits ein solides Wachstum. Die Bewertung, was ein gutes und was ein weniger gutes Dividendenwachstum ist, hängt auch von der aktuellen Höhe der Dividendenrendite ab, und du kannst für dich selbst festlegen, wie hoch dieser Wert für dich ausfallen soll. Bei Unternehmen wie Microsoft, die eine Dividende von unter 1 % ausschütten, sollte das Dividendenwachstum eher im Bereich von 10 % liegen, damit man in einigen Jahren auch bei soliden Dividendenausschüttungen ankommen kann. Wenn ein Unternehmen bereits eine Dividendenrendite von 2–3 % aufweist, finde ich es nicht mehr unbedingt notwendig, dass das Dividendenwachstum noch derart hoch ist; auch 5–6 % pro Jahr würden hier bereits zu signifikanten Dividendenausschüttungen in den kommenden Jahren führen.

Betrachte beim Dividendenwachstum immer Zeiträume und bilde einen Durchschnitt. Nur weil die Dividende in einem Jahr kaum oder gar nicht gestiegen ist, bedeutet das nicht, dass das Unternehmen dauerhaft ein schlechtes Dividendenwachstum aufweist.

FAQ

WAS IST EIN DIVIDENDENWACHSTUMSWERT?

Ein Unternehmen, das dank eines nachhaltig profitablen Geschäftsmodells in der Lage ist, seinen Aktionärinnen und Aktionären Jahr für Jahr eine steigende Dividende auszuschütten. Kontinuität ist hier das Stichwort. Über die Jahre entwickelt sich ein „Dividend Growth Streak", eine Serie von Dividendenerhöhungen. Im Laufe der Zeit haben sich Klassifizierungen wie Dividendenkönige und Dividendenchampions etabliert, auf die ich später noch näher eingehen werde.

WOHER KOMMT DAS DIVIDENDENWACHSTUM?

Das Dividendenwachstum ist letztlich die Folge eines funktionierenden Geschäftsmodells, wobei die Nachhaltigkeit (Track Record der Dividendensteigerungen), die Dynamik sowie die Erschwinglichkeit der Ausschüttung auf Seiten des Unternehmens eine Rolle spielen. Solche Unternehmen zeichnen sich unter anderem durch folgende Punkte aus:

1 Profitabilität
2 möglichst hoher (Free) Cashflow
3 solide Finanzsituation (Verschuldung beachten)
4 Unternehmensqualität (Strategie, Management etc.)

GIBT ES RANKINGS VON AKTIEN MIT EINER LANGEN DIVIDENDENHISTORIE?

Ja, die Klassifizierung basiert auf der Anzahl der Jahre, in denen die Dividende kontinuierlich gestiegen ist. Die bekanntesten Klassifizierungen für den Track Record sind:

König = 50 Jahre Dividendenerhöhung in Folge

Champion = 25–49 Jahre in Folge

Contender = 10–24 Jahre in Folge

Challenger = 5–9 Jahre in Folge

Auch die Bezeichnung „Dividendenaristokraten" hat sich hier etabliert. Damit sind Unternehmen gemeint, die über einen Zeitraum von 25 Jahren eine steigende Dividende ausgeschüttet haben. Bekannte Unternehmen dieser Kategorie sind beispielsweise Procter & Gamble, Johnson & Johnson und McDonald's. Nach amerikanischer Definition muss ein Aristokrat auch Mitglied des S&P 500 sein. Dabei handelt es sich in der Regel um große, etablierte Unternehmen, die nicht mehr besonders stark wachsen. Viele von ihnen bieten konstante Gewinne und steigende Dividenden in guten wie in schlechten Zeiten. Eine Liste der aktuellen Dividendenaristokraten findet man schnell online. Wichtig ist, sich nicht vorschnell vom Titel blenden zu lassen und auch bei Aristokraten genau hinzuschauen. Ein Nachteil dieser „edlen" Unternehmen ist oft gerade die sehr positive Bewertung mit relativ hohen Kurs-Gewinn-Verhältnissen, mit der sie an der Börse gehandelt werden: Aufgrund ihrer „Popularität" sind sie häufig vergleichsweise teuer zu kaufen, obwohl das Unternehmenswachstum nur noch durchschnittlich oder sogar langsam ist.

Bekannte Dividendenkönige sind etwa Colgate-Palmolive (Dividendenzahlung seit 1895 mit kontinuierlichen Dividendenerhöhungen seit 63 Jahren) und Procter & Gamble (Dividendenzahlung seit 1890 und kontinuierliche Dividendenerhöhung seit 70 Jahren).

WAS IST DIE DIVIDENDENHISTORIE?

Die Dividendenhistorie beschreibt den Zeitraum, seit dem eine Dividende an die Aktionäre ausgeschüttet wurde. Dieser Zeitraum sollte natürlich möglichst lang sein. Die Deutsche Post (DHL Group) zahlt ihren Aktionären seit nunmehr 17 Jahren ununterbrochen eine Dividende. Diese ist zwar nicht jedes Jahr gestiegen, sondern war in der Vergangenheit immer wieder leichten Schwankungen unterworfen. Entscheidend ist jedoch die Kontinuität und der langfristige Trend. Es gibt sogar Unternehmen, die seit 200 Jahren stetig Dividenden an ihre Aktionäre auszahlen.

GOOD TO KNOW | Absoluter Dividenden-Spitzenreiter, was eine kontinuierliche Zahlung betrifft, ist die York Water Company mit Sitz in York, USA: Das Unternehmen zahlt seinen Aktionärinnen und Aktionären seit nun 209 Jahren kontinuierlich eine Dividende. Bei dem Unternehmen handelt es sich um ein Versorgungsunternehmen, das die Menschen in Pennsylvania mit Wasser versorgt. Wie du dir vielleicht vorstellen kannst, ist das ein recht krisensicheres Geschäft, denn Wasser wird immer gebraucht. Hinzu kommt, dass die York Water Company in einigen Gebieten quasi eine Monopolstellung hat.

Obwohl das Unternehmen seit seiner Gründung an der Börse nicht sehr hoch bewertet wurde, liegt der Unternehmenswert inzwischen bei rund einer halben Milliarde Euro. Als Anleger kann man sich hier wohl darauf einstellen, keine überdurchschnittlichen Renditen zu erzielen, aber vielleicht für die nächsten 200 Jahre eine kontinuierliche Dividende zu erhalten.

WAS BEDEUTET DIE AUSSCHÜTTUNGSQUOTE?

Sie gibt den prozentualen Anteil der ausgeschütteten Dividende am Gewinn des Unternehmens an. Diese sollte bei einem soliden Dividendenzahler zwischen 25 % und 75 % liegen, da Ausschüttungen von weniger als 25 % des Gewinns für eine attraktive Dividende etwas zu niedrig sind. Schüttet das Unternehmen dagegen mehr als 75 % des Gewinns an die Aktionäre aus, so ist der Spielraum für künftige Dividendenerhöhungen begrenzt und der Puffer für den Fall eines vorübergehenden Gewinnrückgangs zu gering, sodass die Gefahr besteht, die Dividende langfristig nicht weiter erhöhen zu können, wenn das Unternehmen nicht in der Lage ist, weiter zu wachsen. Auch eine Dividendenkürzung oder sogar eine Streichung muss immer in Betracht gezogen werden. Ein einfaches Beispiel zur Berechnung der Ausschüttungsquote:

Ein Unternehmen hat 10 Mio. € Gewinn erwirtschaftet und beschließt, 4,5 Mio. € an seine Aktionäre auszuschütten. Die Ausschüttungsquote beträgt demnach 45 % und liegt damit in einem gesunden Bereich.

Ausschüttungsquote = (Dividende ÷ Gewinn) x 100
oder (Dividende je Aktie ÷ Gewinn je Aktie) x 100

Die Macht der Wiederanlage

Der Zinseszinseffekt oder, wie ich ihn gerne nenne, der Dividenden-Dividenden-Effekt entfaltet seine volle Kraft erst nach einigen Jahren. Geduld und Kontinuität sind gefragt. Der Faktor Zeit wird an der Börse oft unterschätzt. Man möchte lieber schnell reich oder zumindest wohlhabend werden, aber das ist der falsche Denkansatz. Nur langfristig entsteht das exponentielle Wachstum, das sich Zinseszinseffekt nennt und für unser Gehirn wenig greifbar ist. Wir Menschen denken eher linear.

Dazu passt diese bekannte indische Legende: Sie handelt von einem klugen Kopf, der das Schachspiel erfand und dieses dem Herrscher seines Landes beibrachte, um diesen davon abzubringen, seine Untertanen zu tyrannisieren. Da ihm das Schachspiel so viel Spaß bereitete, ließ er von seinen Untertanen ab und gewährte dem Erfinder des Spiels einen Wunsch. Dieser wünschte sich für jedes Feld auf dem Schachbrett Reiskörner: Ein Reiskorn für das erste Feld. Das Doppelte, also zwei Reiskörner auf dem zweiten Feld, gefolgt von vier Reiskörnern auf dem dritten Feld und so weiter. Der König lachte über diesen Wunsch und die Bescheidenheit, sodass er den Wunsch gewährte. Ein Schachfeld hat 64 Felder – das klingt erst mal nicht viel, aber die Summe der Reiskörner auf dem letzten Feld ist unvorstellbar. Das erkannte der König erst, als sein Rechenmeister ihm – lange bevor es ans letzte Feld ging – mitteilte, das Land hätte nicht mehr genügend Reis für die Bezahlung. An dieser Stelle kann gerne mal geschätzt werden, wie groß wohl der Reisberg auf Feld 64 sein müsste. Nun, dieser Berg aus 18446744073709551615 Reiskörnern, achtzehneinhalb Trillionen, wäre groß genug, um damit ganz Deutschland zu bedecken!

Ich möchte dir ein weiteres Beispiel geben, das sich explizit mit der Wiederanlage beschäftigt.

Stell dir vor, du investierst 15000€ in eine Aktie mit einer Dividendenrendite von 5%. Der Einfachheit halber nehmen wir an, dass die Dividende immer konstant gezahlt wird und die Aktie keine Kursgewinne oder -verluste erfährt. Nach einem Jahr würdest du also immer noch dein Investment von 15000€ im Depot haben und hättest zusätzlich 750€ Dividende erhalten.

In Szenario 1 wird die Dividende vom Konto abgehoben und jedes Jahr unter dem Kopfkissen geparkt. Nach 25 Jahren hättest du durch die jährliche Ausschüttung eine stattliche Summe Geld von 18750 € angesammelt (25 Jahre lang 750 €).

In Szenario 2 legst du die Dividende jedes Jahr wieder an. Im ersten Jahr erhältst du wie in Szenario 1 eine Dividende von 750 € auf dein eingesetztes Kapital von 15 000 €. Im zweiten Jahr hast du durch die Wiederanlage nun Aktien im Wert von 15750 € im Depot und erhältst auf diesen Ausgangswert eine Dividende von 5 %, also 787,50 €, die natürlich wieder reinvestiert wird. Du kaufst also für 25 Jahre mit der Dividende immer neue Aktien, anstatt das Geld nur zu Hause zu bunkern oder auszugeben. Nach 25 Jahren liegt deine Dividende bei 2 539,75 €, anstatt nur 750 €, und somit ergibt sich in diesem Szenario ein Endkapital von 50795 €.

Der Effekt ist hier sicher greifbarer, da es sich nicht um eine Verdoppelung in jedem Jahr handelt, wie es bei unserem Schachbrett der Fall war. Das Prinzip ist jedoch identisch und verdeutlicht, warum wohlhabende Familien von Generation zu Generation mehr Vermögen besitzen, sofern zumindest ein Teil des Kapitals unangetastet bleibt.

Wenn du nur eine Sache aus diesem Buch mitnehmen solltest, dann wünsche ich mir, dass es die Bedeutung der Wiederanlage und des Zinseszinseffekts für den langfristigen Vermögensaufbau ist. Die ersten Jahre mögen träge sein und man wünscht sich schnellere Ergebnisse, aber mit der Zeit werden die Sprünge von Jahr zu Jahr größer – bis dahin heißt es DURCHHALTEN!

Die persönliche Dividendenrendite

In den vorherigen Kapiteln ist ein Begriff bereits häufig gefallen: die Dividendenrendite. Die Berechnung dieser Kennzahl erfolgt, indem man die gezahlte Dividende je Aktie durch den aktuellen Börsenkurs teilt und mit 100 multipliziert, um einen Prozentwert zu erhalten. Die persönliche Dividendenrendite wird auf die gleiche Weise berechnet, nur dass statt des aktuellen Börsenkurses ein persönlicher Einstandskurs (Kaufkurs) in die Berechnung einfließt. Wie bereits im letzten Kapitel ausführlich diskutiert, wird bei der persönlichen Dividendenrendite der Faktor Zeit wesentlich stärker berücksichtigt. Sehen wir uns auch dazu ein Beispiel an: Stell dir vor, du erhältst eine Dividende von 0,80 € pro Aktie deines letzten Investments und hast für diese Aktie 25 € bezahlt. In diesem Fall errechnet sich die Dividendenrendite wie folgt:

(0,80 € ÷ 25 €) × 100 = 3,2 %

Über die nächsten Jahre läuft es gut für dich, die Dividende und der Kurs entwickeln sich prächtig. Nach fünf Jahren hat sich der Aktienkurs verdoppelt und steht bei 50 €. Auch die Dividende wurde fleißig erhöht und liegt inzwischen bei 1,60 € pro Aktie. Die allgemeine Dividendenrendite liegt somit immer noch bei 3,2 %. Wie sieht es aber mit der persönlichen Dividendenrendite aus?

(1,60 € (Dividende) ÷ 25 € (Einstiegskurs)) x 100 = 6,4 %

Obwohl sich die Dividendenrendite auf dem Papier nicht geändert hat, hat sie sich für dich persönlich innerhalb von fünf Jahren verdoppelt. Das Spiel kann theoretisch unendlich lange weiterlaufen und lässt unglaubliche Konstellationen zu.

Starinvestor Warren Buffett hält seine Aktien von Coca-Cola bereits seit den 1980er-Jahren. Seitdem haben sich Kurs und

Dividende kontinuierlich gesteigert, sodass seine persönliche Dividendenrendite bei diesem Investment bei über 50 % liegt. Coca-Cola schüttet ihm also in nur zwei Jahren Dividenden aus, die höher sind als der Preis, den er für seine damalige Investition für die gesamten Aktien bezahlt hat. Durch die lange Zeit und seine Ausdauer hat sich das Investment extrem rentiert, und selbst wenn der Wert der Aktie morgen auf null fällt, hätte Warren Buffett über die Dividende ein Vielfaches seiner ursprünglichen Investition verdient.

Wer entscheidet über die Dividenden?

Die Entscheidung, ob eine Dividende gezahlt wird und wie hoch diese ausfällt, wird bei der Hauptversammlung getroffen. In der Regel nennt der Vorstand im Vorfeld einen Dividendenvorschlag, über den dann abgestimmt wird. Im Grunde genommen entscheiden also die Eigentümer und Besitzer der Aktien selbst darüber, wie die Dividende in diesem Jahr ausfallen soll. Meist wird der Vorschlag des Vorstands akzeptiert, da dieser bereits durchkalkuliert wurde und das Unternehmen die Dividende ohne Probleme stemmen kann. Auch Dividendenkürzungen oder Streichungen werden entsprechend begründet und sollten im besten Fall für die Eigentümer transparent und nachvollziehbar sein.

Noch am Tag der Hauptversammlung wird die Dividende ausgeschüttet, und danach notiert der Kurs „Ex-Dividende" meist deutlich tiefer, denn Anlegerinnen und Anleger, die hier einsteigen, haben kein Anrecht mehr auf die gezahlte Dividende, sondern müssen bis zum nächsten Termin der Ausschüttung warten.

Der genaue Ablauf kann sich zwischen den Ländern und Unternehmen durchaus unterscheiden. In den USA beispielsweise sind Quartalsdividenden der Standard, wobei es inzwischen auch einige Monatszahler gibt. Das hat auch für die Unternehmen einen großen Vorteil: Es fließt viermal im Jahr eine „kleinere“ Summe aus dem Unternehmen ab, für Anlegerinnen und Anleger entsteht ein stetigerer Cashflow.

Obwohl ich auch einige deutsche Aktien in meinem Portfolio habe, gefällt es mir gut, wenn es Quartalsdividenden gibt. Je nachdem welche Aktien man auswählt, kann man theoretisch mit nur drei Aktien, die quartalsweise ausschütten, monatlich eine Dividende erhalten. Das sollte aber nicht das einzige Argument für deine Auswahl sein!

Besteuerung

An dieser Stelle möchte ich einen kurzen Überblick über die steuerlichen Themen geben, mit denen sich die meisten Anlegerinnen und Anleger auseinandersetzen müssen. Das Kapitel ist natürlich nicht ansatzweise mit einer Steuerberatung zu vergleichen.

Steuern auf Kapitalerträge

Bei Dividenden haben wir oft mit mit einer sogenannten Quellensteuer zu tun – eine Steuer auf Kapitalerträge, die an der Quelle abgeführt werden muss, also in dem Land, in dem die Steuer gezahlt wird und in dem sich in der Regel auch der Sitz des Unternehmens befindet. Kapitalerträge, die im Ausland erzielt werden, müssen daher auch dort versteuert werden. In der Regel behält der ausländische Staat diese Steuer direkt ein. Erst nach Abzug der ausländischen Quellensteuer landet der Betrag auf dem deutschen Verrechnungskonto, wo dann noch die deutsche Kapitalertragssteuer (Abgeltungssteuer) fällig wird. Um die entstehende Doppelbesteuerung möglichst gering zu halten, hat Deutschland mit vielen Ländern ein Doppelbesteuerungsabkommen vereinbart. So können je nach Quellenland bis zu 15 % der ausländischen Quellensteuer in Deutschland auf die Abgeltungssteuer angerechnet werden.

Dividendenabrechnung

Ex-Tag: 16.08.2023			
Nominale	**ISIN: US5949181045**	**WKN: 870747**	**Ausschüttung**
STK 12,206	**Microsoft Corp.**		**USD 0,68 p.STK**

Zahlungszeitraum:	01.07.2022 - 30.06.2023			
Zahltag:	14.09.2023			
Umrechnungskurs:	EUR/USD 1,0684			
Bruttobetrag			USD	8,30
Bruttobetrag			EUR	7,77
Kapitalertragsteuer			EUR	0,78 -
Solidaritätszuschlag			EUR	0,04 -
US-Quellensteuer			EUR	1,17 -
Zu Gunsten Konto		**Valuta: 14.09.2023**	**EUR**	**5,78**

GOOD TO KNOW | Unbedingt beachten solltest du, dass die Verrechnung bzw. Ermäßigung bei einigen Banken nur mit einem bereits im Vorfeld eingereichten, entsprechenden Antrag erfolgt. Viele Banken haben diese Funktion automatisch aktiviert. Dennoch lohnt es sich, die ersten Dividendenzahlungen aus den USA, aber auch aus anderen Ländern, zu prüfen und sich zu vergewissern, dass diese auch tatsächlich erfolgen.

Der Freibetrag bezieht sich auf die Bruttodividende vor Abzug der Quellensteuer. Man verbraucht ihn also für Beträge, die man eigentlich gar nicht vollständig erhält.

Beispiel: Du erhältst eine Brutto-Dividende über 200 $ von einem US-Unternehmen. Diese wird auf deinen Freibetrag angerechnet, der sich dadurch von 1000 € auf 800 € verringert. (Annahme: Wechselkurs von 1:1 zwischen Euro und US-Dollar.) Die USA erhebt eine Quellensteuer von 15 %, du bekommst 170 € auf dein Konto überwiesen, obwohl dein Freibetrag mit 200 € belastet wurde. Auch in Deutschland musst du noch einmal Kapitalertragssteuer auf deinen Gewinn zahlen. Da du in den USA bereits 15 % Steuern gezahlt hast, sind es dann aber 10 % statt der üblichen 25 %.

Mein Tipp: Sofern deine Kapitalerträge insgesamt über dem jährlichen Freibetrag liegen, kannst du überlegen, ein zweites Depot zu eröffnen. Bündle dort deine Aktien aus Ländern mit einer Quellensteuer und richte hier keinen Freistellungsauftrag ein. Nur dann wird die Quellensteuer angerechnet und „verpufft" nicht.

Zusätzlich zur Kapitalertragssteuer fallen gegebenenfalls noch Solidaritätszuschlag und Kirchensteuer an. Wenn du in einem Jahr wenig verdienst, hohe Werbungskosten oder Sonderausgaben hast, kannst du dir einen Teil der gezahlten Steuern zurückholen. Dafür nutzt du z. B. die Anlage KAP in deiner Steuererklärung, in der alle Kapitalerträge eingetragen werden können – also auch Dividenden, Zinsen und Kursgewinne. Zu beachten ist, dass du deiner Bank einen Freibetrag (auch Sparerpauschbetrag) mitgeteilt hast, den du in der passenden Zeile einträgst. Deine gesamten Kapitalerträge kommen in Zeile 7 und die anteiligen Aktiengewinne noch einmal in Zeile 8. In den Zeilen bei „Anzurechnende Steuern zu Erträgen“ kannst du dann die einbehaltene Kapitalertragssteuer und den Solidaritätszuschlag eintragen. Gezahlte Kirchensteuer kannst du als Sonderausgaben geltend machen.

Bei Dividenden ist der „Steuerstundungseffekt“ geringer, da das Geld ohne Ausschüttung theoretisch länger ohne „Verluste“ durch die Steuer für dich arbeiten kann. Aber: Du kannst bis zu 1 000 € pro Jahr steuerfrei (z. B. aus realisierten Kursgewinnen + Dividenden) einnehmen. Der jährliche Freibetrag sollte unbedingt genutzt werden, denn er gilt immer für ein Jahr und lässt sich nicht aufsparen! Wird die ausgeschüttete Dividende wiederangelegt (reinvestiert), sieht es anders aus, und es entsteht eine Art Zinseszinseffekt.

GOOD TO KNOW | Es gibt unzählige Artikel und Argumente „gegen“ Dividenden: Neben der Tatsache, dass nach Erreichen des Freibetrags eine Steuer anfällt, wird auch häufig argumentiert, es handele sich um ein Nullsummenspiel, da die Dividende ja vom Kurs abgezogen wird. In der Theorie ist das aus rein rationaler Sicht nicht völlig falsch, in der Praxis sind Dividenden jedoch für viele Anlegerinnen und Anleger ein Anreiz, auch in schwierigen Zeiten durchzuhalten. Zudem gibt es auch viele Unternehmen, deren Kurs immer weiter steigt, und das „trotz" des sogenannten Dividendenabschlags. Und wer weiß schon, ob die Kapitalerträge nicht doch irgendwann einmal mit dem persönlichen Steuersatz versteuert werden müssen, statt wie heute mit 25 Prozent (plus Solidaritätszuschlag und ggf. Kirchensteuer).

Das Thema Steuern sehe ich bis zum Erreichen des persönlichen Steuerfreibetrages sogar als Vorteil. Hier kann man zunächst einmal 1 000 € pro Jahr steuerfrei „kassieren" – die man ohne Dividenden oder andere Kapitalerträge vielleicht jedes Jahr ungenutzt liegen lässt. Ein Ansparen oder „Mitnehmen in das nächste Jahr" ist nämlich nicht möglich, der Freibetrag beginnt jedes Jahr aufs Neue und liegt derzeit bei 1 000 €.

Auch das Argument „Dividenden sind steuerpflichtig" ist für mich nicht wirklich stichhaltig. Auch auf realisierte Kursgewinne fallen Steuern an, nur vielleicht „später". Ob hier das Motto „cash is king" gilt, kann zum Glück jeder für sich selbst definieren. Übrigens: Allein im S&P 500 gibt es über 60 Unternehmen, die seit mindestens 25 Jahren ihre Dividende jährlich erhöhen und damit mehr als 10 % der Unternehmen im Index ausmachen.

Die Sachdividende

Neben Dividenden in Form von monetären Ausschüttungen habe ich auch ein paar Aktien im Depot, die sogenannte Sachdividenden ausschütten.

Bei einer Sachdividende handelt es sich um einen „Sachwert", der ähnlich wie die Dividende an die Aktionäre ausgegeben wird. Besonders bekannt ist der große Schokoladenkoffer der Lindt & Sprüngli AG, der auf der Hauptversammlung, die in der Schweiz Generalversammlung genannt wird, an die Aktionärinnen und Aktionäre ausgegeben wird. Ich selber besitze leider (noch) keine Aktie dieses Unternehmens, aber es steht auf jeden Fall auf meiner Wunschliste. Das Problem ist hier lediglich der Preis der Aktie, der mittlerweile im sechsstelligen Bereich liegt. Der Kurs steht am 20. Januar 2026 bei 123.000 €. Auch die Sachdividende von Calida erfreute sich großer Beliebtheit. Viele kennen das gelbe Logo der Calida-Geschäfte, in denen Unterwäsche und Pyjamas verkauft werden. Aktionäre, die mindestens 20 Aktien besaßen und im Schweizer Aktienregister waren, erhielten bis 2024 jedes Jahr einen Pyjama, wahlweise für Damen, Herren oder Kinder, kurz oder lang. Seit 2025 gibt es hier lediglich noch einen Rabatt. Wie die normale Dividende ist auch die Sachdividende steuerpflichtig. Allerdings wird die Steuer hier üblicherweise direkt von der Aktiengesellschaft einbehalten und abgeführt.

Die Welt der Sachdividenden ist sehr vielfältig. Mir persönlich gefällt es, auf diese Weise am Unternehmen beteiligt zu sein und mit den Produkten und Dienstleistungen des Unternehmens in Berührung zu kommen.

Ich möchte an dieser Stelle einige Beispiele für spannende Sachdividenden nennen, um einen kleinen Einblick zu geben, was sich Aktiengesellschaften für ihre Aktionärinnen und Aktionäre einfallen lassen: Bei der Kreuzfahrtgesellschaft Carnival, die unter anderem die AIDA-Flotte betreibt, erhält man beim Besitz von 100 Aktien Bordguthaben von bis zu 200 € pro Reise. Bei der deutschen Autovermietung SIXT kann man sich für den Aktionärstarif freischalten lassen, mit dem man auf jede Mietwagenbuchung einen Rabatt bekommt. Das französische Luxus-Konglomerat LVMH bietet die Mitgliedschaft in seinem Aktionärsklub an, die beispielsweise eine Besichtigung der Champagnerkeller von Moët & Chandon oder den Erhalt eines VIP-Passes der Louis Vuitton Stiftung ermöglicht.

Sachdividenden können sich natürlich ändern oder abgeschafft werden. Genau wie man nie automatisch davon ausgehen darf, dass eine Dividende gezahlt wird, gilt dies auch für Sachdividenden. Ich kann nur empfehlen, auch hier die Augen offen zu halten. Für den ein oder anderen kann die Sachdividende ein netter Anreiz sein, sich eine Aktie genauer anzuschauen, und dass die Sachdividende kein alleiniger Kaufgrund für eine Aktie sein sollte, versteht sich von selbst.

Eine attraktive Sachdividende allein sollte nie das einzige Argument für den Kauf einer Aktie sein. Es ist wichtig, immer das gesamte Unternehmen zu betrachten und auch auf die Kennzahlen, das Geschäftsmodell und die Zukunftsfähigkeit zu achten.

Mein wichtigstes Argument für Dividenden

Für mich persönlich spricht vor allem eine Tatsache für Dividenden: Wenn ich eine Aktie kaufe und vom Unternehmen dahinter überzeugt bin, möchte ich sie nicht irgendwann wieder verkaufen müssen, um damit „Geld zu verdienen". Viele meiner Aktien lassen mich durch Dividenden regelmäßig am Gewinn teilhaben, ohne dass ich meinen Bestand durch einen Verkauf reduzieren muss. Bei Unternehmen, die keine Dividende zahlen, muss ich aktiv Aktien verkaufen, wenn ich am Gewinn partizipieren möchte. Eine große grüne Zahl, die man im Depot hat, wenn man langfristig in Amazon oder Berkshire Hathaway investiert, fühlt sich zwar gut an, aber am Ende muss man sich von dem Unternehmen trennen, wenn man das Geld nutzen möchte. Auch wenn sich ein Unternehmen so gut entwickelt hat, dass man einen Teil verkaufen möchte, muss man immer aktiv werden und seinen Bestand verringern.

Dividenden sind im Gegensatz zu nicht realisierten Kursgewinnen „echt" und landen auf meinem Konto. Ich freue mich über jeden Cent Dividende, und dieses Glücksgefühl schafft gleichzeitig Stück für Stück ein bisschen mehr Freiheit. Denn während nicht realisierte Kursgewinne morgen schon wieder weg sein können, habe ich bei Dividenden eine reale Zahlung erhalten, die keinen Einfluss auf meinen Bestand am Unternehmen hat. Diese Entscheidungsfreiheit macht für mich den Unterschied: Ich kann wählen, ob ich mit der Dividende wieder neue Aktien des selben Unternehmens kaufe oder die Aktien eines anderen Unternehmens. Dividenden geben uns aber auch die Freiheit, etwas ganz anderes mit unserem Geld zu machen, nämlich zu leben.

Wir alle haben nur ein bestimmtes Zeitfenster, in dem wir leben. Nimm dir also regelmäßig Freiheiten, triff dich mit Freunden, lache mit ihnen, iss leckeres Essen, spaziere in der Sonne oder springe ins Meer. Tu alles, worauf du Lust hast, bevor sich das Fenster schließt.

Dividenden sind eine langfristige monetäre Belohnung dafür, dass wir vielleicht jahrelang auf einen Teil unseres Einkommens verzichtet und die Risiken einer Aktienanlage auf uns genommen haben. Und diese finanzielle Belohnung sollte man ab und zu in reale Erlebnisse umwandeln und sich etwas Gutes tun.

DEINE ANLAGESTRATEGIE FINDEN

Irgendwann in unserem Leben müssen wir uns alle mit unseren Finanzen auseinandersetzen. Sei es zu Beginn der Berufsausbildung und der ersten eigenen Miete oder vielleicht später, wenn man für einen neuen Job in eine fremde Stadt zieht. Auch wer mit Mitte 30 noch bei den Eltern wohnt, wird sehr wahrscheinlich ebenfalls finanzielle Entscheidungen treffen, Budgets planen und den eigenen Konsum hinterfragen. Hier zeigen sich schnell die eigenen Denkmuster und Glaubenssätze, die uns bisher vielleicht eher unbewusst begleitet haben. Z. B. die Aussagen „Geld ist schlecht“ oder „Geld stinkt“. Natürlich gibt es viele Dinge, die man nicht mit Geld kaufen kann und die unsere Lebensqualität maßgeblich beeinflussen: Freundschaften, Liebe, Gesundheit und Familie.

Fest steht aber auch, dass die komplexen Zusammenhänge unserer Gesellschaft nicht ohne Geld funktionieren. Geld spielt nun mal eine wichtige Rolle in unserem Alltag und kann einen Teil unserer (finanziellen) Sorgen lindern oder ganz verschwinden lassen.

Deine persönliche Anlagestrategie wird sicherlich deine persönliche Einstellung zu Geld widerspiegeln, denn die Möglichkeiten, zu investieren, sind vielfältig, sodass du nach deinem Geschmack entscheiden kannst.

Wie also soll deine persönliche Anlagestrategie aussehen?

Trotz aller guten Pläne ist es fast unmöglich, sich über die eigene Strategie detailliert im Klaren zu sein, bevor man tatsächlich an der Börse aktiv ist und den ersten ETF oder die ersten Aktien ins Depot gekauft hat.

In den ersten Monaten und Jahren wirst du für dich feststellen, mit welcher Strategie du dich wohlfühlst, und dann gilt es, diese so lange wie möglich beizubehalten und nicht alle paar Monate davon abzuweichen und das Depot umzuschichten: Technologieaktien laufen gut, also setze ich alles auf Big Tech. Dann gibt es plötzlich einen Hype um Cybersecurity-Aktien, also rein in diese Branche, gefolgt von Halbleiter-Aktien. Zwei Monate später liest man überall, dass Value-Aktien derzeit stark unterbewertet sein sollen – du ahnst es, alles, was mit Technologie zu tun hat, fliegt aus dem Depot und wird in Value-Aktien investiert.

Hier kommt das Sprichwort „Hin und her macht Taschen leer" zum Tragen, denn mit dieser Art der Anlagemethodik läuft man den Gewinnen nur hinterher, statt wirklich davon zu profitieren. Das nennt man auch „Performance Chasing", und es widerspricht grundsätzlich meiner eigenen Einstellung, dass Aktien vor allem eines brauchen: viel Zeit.

Nachdem wir kurz darüber gesprochen haben, wie man es nicht machen sollte, kehren wir die Frage um: Wie findet man seine Anlagestrategie und welche Aspekte sind dabei zu berücksichtigen?

Zunächst einmal sollte im Vordergrund stehen, dass du selbst und eigenverantwortlich entscheidest, bei deiner Geldanlage wie im täglichen Leben.

Für mich selbst funktioniert das wiederum sehr oft über die Negativprobe: Ich überlege, was ich auf keinen Fall will. Konkret könnte ich hier als Beispiel sagen: Ich möchte mir später auf keinen Fall Sorgen um meine Rente machen. Ich bin nicht daran interessiert, nur in Unternehmen zu investieren, die ihre Gewinne nicht an mich ausschütten. Das kann natürlich für dich ganz anders aussehen – aber ich habe die Erfahrung gemacht, dass sich aus dieser Herangehensweise sehr viel ableiten lässt. Konkret: Ich möchte in Unternehmen investieren, die mir einen Teil ihrer Gewinne ausschütten und sich das auch leisten können. Ich möchte meine Dividende später mit meiner Rente aufbessern und nicht umgekehrt.

Individuell zum Ziel

Für die eigene Strategie an der Börse lassen sich meines Erachtens vier Bereiche abgrenzen, mit deren Hilfe man sich der individuellen Strategie annähern kann.

Schritt 1: Ziel setzen

Es gibt Hunderte von Gründen, warum Menschen ihr Geld anlegen. Die einen wollen frühzeitig für das Alter vorsorgen und bis zur Rente ein möglichst großes Vermögen aufbauen. Andere möchten sich in einigen Jahren den Wunsch einer Weltreise erfüllen und wieder andere möchten schon jetzt für ihre Kinder finanziell vorsorgen. Finde dein eigenes, individuelles und ganz persönliches Ziel. Aus einem generellen Ziel kannst du für dich selbst ein ganz konkretes machen, das du präzise formulierst.

Beispiele für generelle Ziele:

- Ich möchte Vermögen aufbauen.
- Ich möchte für das Alter vorsorgen.
- Ich möchte finanziell unabhängig werden.
- Ich möchte ein zusätzliches Einkommen generieren.

Beispiele für daraus formulierte konkrete Ziele:

- Ich möchte bis zum Alter von 45 Jahren 300 000 € Vermögen aufbauen.
- Ich möchte ein Depot aufbauen, das mir zum Renteneinstieg monatlich 500 € an Dividenden ausschüttet, um meine Rentenlücke zu schließen.
- Ich möchte ab dem Alter von 50 Jahren meine gesamten Lebenshaltungskosten (z. B. 2 000 € pro Monat) mit Dividenden aus meinem Depot decken können.
- Ich möchte bis zum Alter von 50 Jahren ein zusätzliches Einkommen von 800 € monatlich erreichen.

Schritt 2: Risikobereitschaft festlegen

Im zweiten Schritt findest du heraus, wie hoch deine Risikobereitschaft ist. Das wird dir wichtige Anhaltspunkte für deine Strategie liefern. Einerseits machst du dir schon vorher darüber Gedanken, andererseits wirst du erst sehen, wie du wirklich reagierst, wenn

Aktien fallen oder es zu Verlusten kommt, wenn du erste Erfahrungen an der Börse sammelst. Mach dir bewusst, wo die Grenze des Ertragbaren für dich liegt. Schaue dabei ausschließlich auf dich selbst und vergleiche dich nicht mit anderen.

Schritt 3: Zeitaufwand abschätzen

Hierbei geht es nicht um den Zeithorizont, den du für deine Investitionen planst, sondern um die Zeit, die du laufend aufwenden kannst oder möchtest, um möglichst erfolgreiche Investitionen zu tätigen. Der Aufbau eines Depots mit beispielsweise 20 oder 30 Einzelaktien kann sehr zeitaufwendig sein und sollte dir Spaß machen! Jedes Unternehmen meldet Quartalszahlen, ständig gibt es Nachrichten über Produktneuheiten oder kleinere und größere Krisensituationen. Eine fokussierte Menge an Einzelaktien, die sich gut entwickeln und zumindest in der Theorie besser abschneiden soll als der restliche Markt, bedarf viel Zeit für die Analyse und Kontrolle der einzelnen Positionen.

Schritt 4: Auswahl der Anlagestrategie

Nachdem in den ersten drei Schritten einzelne Parameter definiert wurden, geht es nun darum, die passende Strategie zu wählen. Es gibt nicht „die eine Anlagestrategie“, sondern viele verschiedene, die alle ihre Berechtigung haben, und jede hat Befürworter und Gegner. Deine persönliche Anlagestrategie hängt von deinen finanziellen Mitteln und den genannten Faktoren ab – und diese können sich mit der Zeit ändern.

Mit 23 Jahren hatte ich mir z. B. fest vorgenommen, den „großen“ Motorradführerschein zu machen, sobald ich für die großen

Maschinen mit mehr PS alt genug bin. Damals war ich oft mit einem Freund auf dem Motorrad unterwegs – immer als Beifahrerin –, und mich hatte das Fieber gepackt. Heute, mit Mitte 30, schüttele ich bei diesem Gedanken unwillkürlich den Kopf, denn ich habe überhaupt nicht mehr das Verlangen, mit 160 km/h auf einem Motorrad zu sitzen und den Rausch der Geschwindigkeit zu spüren. Genauso kann sich ein Bedürfnis mit zunehmendem Alter genau umgekehrt entwickeln. Daher ist es wichtig, sich ab und an den aktuellen Stand der Dinge vor Augen zu führen.

Risikoempfinden

Der Begriff Risiko ist bei jedem Menschen so individuell ausgeprägt und besetzt wie die Haarfarbe. Und so wie sich unser Haar mit zunehmendem Alter oft verändert und ergraut, verändert sich auch das persönliche Risikoempfinden bei den meisten Menschen im Laufe des Lebens.

Es gibt unzählige wissenschaftliche Untersuchungen zum Thema Risiko bzw. Risikobereitschaft. Ich persönlich sehe es relativ simpel: Wir können uns die Haare färben, tönen, stylen und damit optisch verändern – genauso können wir uns einreden, besonders risikoaffin zu sein, obwohl es tief in der (Haar-) Wurzel nicht wirklich stimmt. Wir können unsere Haarfarbe nicht von Grund auf verändern. Was wir aber tun können, ist, die eigene Haarfarbe zu akzeptieren und sie bestmöglich anzupassen.

Ganz klar: Eines der größten Risiken an der Börse ist Unwissenheit. Nicht zu wissen, was man tut, kann schnell und unerwartet zum Verlust von Geld führen.

Also ist es wichtig zu lernen. Nur wer ein gewisses Verständnis für die Welt der Börse und die verschiedenen Strategien und Möglichkeiten entwickelt, kann sein Risiko abschätzen und vor allem begrenzen.

Auch die Anlage bzw. Investition an der Börse selbst ist immer mit Unsicherheit behaftet. Nicht mal risikoarme Investitionen sind zu 100 % sicher: Auch wenn wir mit hoher Wahrscheinlichkeit sagen können, dass ein Index wie der MSCI-World in 15 Jahren höher stehen wird als heute, können wir das nicht ganz genau wissen. Wir wissen nur, dass es in den letzten Jahrzehnten keine 15-Jahres-Periode gab, in der dies nicht der Fall war. Die durchschnittliche jährliche Rendite lag selbst im schlechtesten Fall bei 1,3 Prozent[12].

Beim Investieren versucht man also, das Risiko möglichst gut einzuschätzen, in die Aktien und ETFs zu investieren, die zum persönlichen Risikoempfinden passen und das bestmögliche Verhältnis von Rendite und Risiko versprechen. Dazu ein Beispiel: Anna gründet ein Unternehmen, das nachhaltige Möbel mit besonderem Design herstellen soll. Für den Kauf von Rohstoffen, Lagerhallen, Werkzeugen, Marketingmaßnahmen etc. benötigt Anna Geld. Also bittet sie ihren Freund Ben, in ihr Unternehmen zu investieren. Ben schaut sich das Geschäftsmodell und die dahinterstehende Idee von Anna genau an und schätzt das Vorhaben als erfolgreich ein.

Dies ist bereits eine Risikobewertung: Ben sieht Erfolgsaussichten und geht davon aus, dass das Unternehmen sein Geld

12 https://www.finanztip.de/indexfonds-etf/msci-world/

gewinnbringend einsetzen wird. Er beschließt also, 10 000 € in Annas Unternehmen zu investieren. Natürlich besteht trotzdem weiterhin ein Risiko, dass das Unternehmen scheitert, z. B. weil das besondere Design der Möbel der Zielgruppe nicht gefällt. Die Rendite, die Ben mit seiner Investition von 10 000 € zu erzielen hofft, ist also eine Art Ausgleich für das eingegangene Risiko.

Wenn das Unternehmen erfolgreich ist, könnte Bens Investition zu einem beträchtlichen finanziellen Gewinn führen. Im Falle eines Misserfolgs besteht jedoch auch die Möglichkeit, dass er einen Teil oder sogar das gesamte investierte Kapital verliert.

Dieses Beispiel verdeutlicht, wie Investitionen im unternehmerischen Kontext eine Abwägung zwischen Erfolgsaussichten und potenziellen Risiken darstellen. Wer wie Ben investiert, setzt auf das Potenzial von Unternehmen, trägt aber gleichzeitig das Risiko eines möglichen Verlustes. Die erwartete Rendite dient als Motivation und Entschädigung für diese Risikobereitschaft.

Aktiv, passiv oder beides?

Wie bereits in den vorangegangenen Kapiteln beschrieben, werden gemeinhin zwei Anlagestile unterschieden: Man kann sein Geld „passiv“ oder „aktiv“ investieren. Wobei es keine einheitliche Definition gibt und häufig der Unterschied zwischen der Investition in Aktien und der Investition in ETFs gemeint ist. Die aktive Auseinandersetzung mit Unternehmen, Geschäftsmodellen, Zukunftsaussichten und Unternehmenskennzahlen erfordert, wie wir schon gesehen haben, vor allem eines: Zeit. An dieser Stelle stößt man auch schnell auf die erste

Fehlannahme („Bias"), die ich selbst oft erlebt habe: Angenommen, ich mag ein Unternehmen oder seine Produkte ausgesprochen gerne, vielleicht bin ich sogar ein glühender Fan. Wäre es nicht toll, diese Aktie zu analysieren und festzustellen, dass ich sie für kaufenswert halte?

Aber Vorsicht, die Neigung, das Unternehmen besonders sympathisch finden zu wollen, hat schnell eine verzerrte Wahrnehmung zur Folge. „Verliebe dich nie in eine Aktie", sagt man, denn bei der Analyse ist es sehr wichtig, möglichst rational und ohne zu starke emotionale Bindung vorzugehen. Sonst erliegt man leicht dem „Positivity Bias", indem man alles etwas zu rosig sieht, gewissermaßen beim Investieren die rosarote Brille trägt. Gleichwohl finde ich es in Ordnung, seine Aktien gernzuhaben, denn das trägt dazu bei, sich intensiver mit den Unternehmen zu beschäftigen und mit Spaß und Interesse bei der Sache zu bleiben.

Genau diesen Aspekt vermisse ich beim passiven Investieren. Tatsächlich gelingt es den meisten aktiven Anlegerinnen und Anlegern nicht, den Markt langfristig zu übertreffen, und für die meisten wäre ein ETF rein rational wohl die beste Wahl. Auch ich investiere einen großen Teil meines monatlichen Sparplans in weltweit aufgestellte ETFs, muss aber zugeben, dass mich diese bei Weitem nicht so begeistern wie die einzelnen Aktien. Da ich mich gerne mit den Unternehmen beschäftige, wäre ein rein passiver Ansatz für mich aktuell nur schwer umsetzbar – was nicht bedeutet, dass sich das niemals ändern wird und ich vielleicht in einigen Jahren beschließe, meinen Fokus zu verändern. Ich habe mich seit einigen Jahren dazu entschieden, einfach beide Ansätze zu verfolgen und zu kombinieren.

So habe ich einen Teil meines Geldes, der regelmäßig in weltweit aufgestellte ETFs fließt, und einen Teil, mit dem ich meine Faszination für einzelne Unternehmen und Geschäftsmodelle ausleben kann. Mit diesem Teil investiere ich aktiv in ausgewählte Aktien, besuche Hauptversammlungen und verfolge die Entwicklungen. Ich kann aber auch sehr gut nachvollziehen, wenn jemand ausschließlich aktiv oder passiv investiert. Beides hat seine Daseinsberechtigung, aber auch hier gibt es aus meiner Perspektive nicht die eine Schablone, die für alle passt.

Dein eigener Ethikkatalog

Der Begriff „Greenwashing" ist auch im Zusammenhang mit Geldanlagen immer häufiger zu lesen. Dabei wird oft heftig diskutiert, welche Kriterien auf echte Nachhaltigkeit schließen lassen und welche eher Augenwischerei sind. Am besten fährst du damit, wenn du deinen eigenen Ethikkatalog definierst. Entscheidend sind deine individuellen moralischen Wertvorstellungen und deine Auffassung davon, was gut, richtig oder gerecht ist. Da wir alle unterschiedliche Ansichten haben, sieht diese Liste für jeden und jede von uns anders aus.

In Bezug auf die Geldanlage kann es also sein, dass du bestimmte Branchen aufgrund deiner eigenen Überzeugung nicht als ETF oder Aktie im Depot haben möchtest. So tut sich der eine mit der Tabakindustrie schwer, die andere möchte ihr Geld unter keinen Umständen in Rüstungsunternehmen investieren.

GOOD TO KNOW | Bei einem Investment über ETFs, bei dem wir eine sehr breite Streuung erreichen, ist es nicht immer möglich, bestimmte Branchen oder Geschäftsmodelle auszuschließen.

INVESTIEREN – JETZT GEHT'S LOS

Nachdem du nun einiges über die Welt der Börse und Aktien gelernt hast, fragst du dich vielleicht, wie du ganz konkret den Einstieg in ein eigenes Investment finden kannst.

Es gibt zwei wichtige Punkte, die du davor beachten kannst. Ich stelle mir hier gerne bildlich verschiedene Geldtöpfe vor, die unterschiedlichen Zwecken dienen.

Das Back-up: Dein Notgroschen

Der erste Topf, auf den ich eingehen möchte, ist der „Notgroschen". Ich bezeichne ihn auch gerne als „Back-up", weil er der Teil des persönlichen Vermögens ist, der im Falle einer Notsituation oder eines unvorhergesehenen Ausfalls, z. B. des Autos oder der Heizung, dazu verwendet werden kann, den ursprünglichen Zustand wiederherzustellen – ähnlich wie ein Back-up auf einem Computer oder Smartphone.

Ich selbst fühle mich mit vier Nettomonatsgehältern als Back-up wohl, aber das kann je nach persönlichem Sicherheitsempfinden, beruflichem Umfeld oder anderen äußeren Umständen angepasst werden: Wer selbstständig ist und vielleicht ein schwankendes Einkommen hat, braucht oft eine höhere Sicherheit als jemand, der angestellt ist. Es gibt durchaus Menschen, die mit ihrem Back-up mindestens ein halbes Jahr oder sogar ein Jahr überbrücken können, ohne gravierende Einschnitte in ihrer Lebensgestaltung machen zu müssen.

Deine Cashreserve

Der zweite Topf bildet deine Cashreserve. Der Sinn dieses zweiten Geldspeichers liegt zum einen darin, in Krisenzeiten und bei Kurseinbrüchen liquide zu sein und Sondersituationen, die am Aktienmarkt immer wieder auftreten, für sich nutzen zu können. Deine Cashreserve kann aber auch dazu dienen, den Notgroschen in persönlichen Krisen zu ergänzen und zu verhindern, dass Aktien oder andere Vermögenswerte zum ungünstigsten Zeitpunkt verkauft werden müssen.

Nicht zu vergessen ist auch der mögliche Nutzen der Cashreserve außerhalb des Aktienmarktes. Ich denke hier an Situationen, in denen vielleicht kurzfristig und unerwartet eine tolle Immobilie, ein Grundstück oder eine andere Investition zum Verkauf steht, die man sich nur mit entsprechender Liquidität sichern kann.

Diese Beispiele lassen sich beliebig fortführen, und ich möchte dich für das Thema und den Sinn dahinter sensibilisieren.

GOOD TO KNOW | Eine Cashreserve, Barreserve oder Liquiditätsreserve ist der Teil deines Kapitals, der explizit für Investitionen und die Nutzung von Chancen zurückbehalten wird. Du kannst sie ganz entspannt über einen längeren Zeitraum aufbauen, z. B. ebenfalls per Sparplan. Dass wir unser Geld möglichst schnell investieren und für uns arbeiten lassen, anstatt unnötig große Summen auf dem Sparbuch zu horten, brauchen wir an dieser Stelle im Buch wohl nicht mehr zu diskutieren. Dennoch versuche ich gerade in Bullenmärkten, wie wir sie in den letzten zehn Jahren häufig erlebt haben, einen kleinen Teil meines Geldes als Reserve zurückzulegen. Ich muss zugeben, dass dies oft unglaublich schwierig ist und ich vor allem in der Vergangenheit dazu tendiert habe, immer all mein Geld zu investieren (mit Ausnahme meines Back-ups).

Als der Corona-Crash kam, habe ich in kurzer Zeit meine gesamte Reserve investiert. Zu dieser Zeit war meine Cashreserve leider nicht sonderlich groß, weil ich nicht genügend darauf geachtet hatte, sie frühzeitig aufzubauen. In Zukunft wird es daher mein Ziel sein, auch in besonders euphorischen Börsenphasen immer einen Teil meines Geldes beiseitezulegen, um bei fallenden Kursen genügend Reserven zu haben, um dann von günstigeren Kursen profitieren zu können.

In der folgenden Abbildung siehst du meine unterschiedlichen Geldtöpfe. Ein Teil meines Einkommens fließt immer fest in mein Depot und dient dem langfristigen Vermögensaufbau. Hier spielen vor allem Aktien- und ETF-Sparpläne eine große Rolle. Daneben gibt es dann noch die zwei Töpfe aus Back-up und Cashreserve.

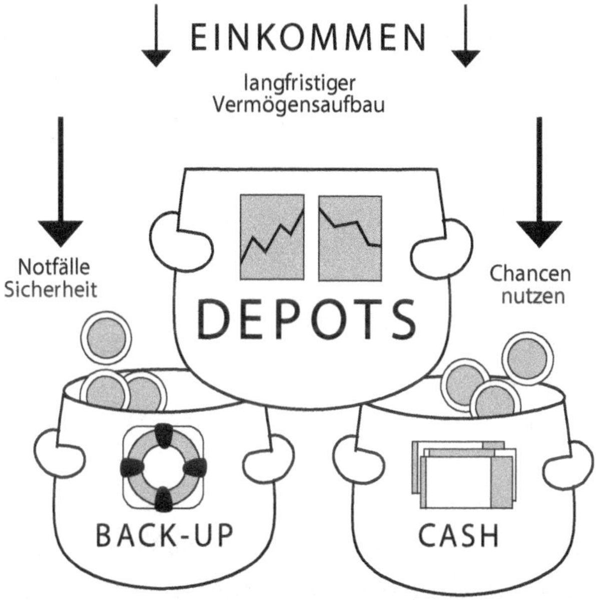

Jetzt kann das Investieren beginnen!

Dein Einstieg, dein Sparplan

Sparpläne erleichtern den Einstieg in die Welt der Börse und können schon mit kleinen Beträgen eingerichtet werden. Ich selbst habe schon in meiner Anfangszeit und bis heute damit gearbeitet – früher noch mit meinen überteuerten Fonds-Sparplänen, die ich monatlich von meiner Ausbildungsvergütung gespeist habe.

Wenn einmal ein Sparplan eingerichtet ist, gelingt es wie von selbst, regelmäßig zu investieren. Mit ihnen werden ganz automatisch in regelmäßigen Abständen Anteile an Aktien, Fonds oder ETFs deiner Wahl gekauft. Die Sparraten kannst du zum Beispiel monatlich festlegen, sodass der Sparplan gleich mit dem Gehaltseingang ausgeführt wird. Wenn eine Aktie oder ein ETF teurer ist als die Summe des Sparplans, ist das übrigens kein Problem: Dann kauft man einfach sogenannte Bruchstücke, bis es dann für eine ganze Aktie reicht.

Ein Beispiel:
Sparplan über 25 €
Aktienkurs: 50 €
Im ersten Monat kaufst du also 0,5 Aktien, ein sogenanntes Bruchstück der Aktie über deinen Sparplan. Im nächsten Monat (angenommen der Aktienkurs bleibt genau bei 50 €) besitzt du eine ganze Aktie. Diese Aktien-Bruchstücke berechtigen übrigens auch zum Erhalt einer Dividende, bei unserem Beispiel hättest du Anspruch auf 50 % der ausgeschütteten Dividende.

Basisdepots – fürs Erste

In den folgenden Abschnitten möchte ich exemplarisch verschiedene Starter-Depots beschreiben, die aus breit aufgestellten ETFs bestehen. Diese sind als Anregung zu verstehen, nicht als Empfehlung, der man ohne eigene Recherche folgen sollte.

Die 1-ETF-Strategie

Wir haben bereits über die Vorteile von ETFs gerade für den Einstieg an der Börse gesprochen. Für ein Basisdepot, bei dem man bereits mit einem einzigen ETF weltweit investieren kann, gibt es zahlreiche Produkte. Ein solcher ETF vereint rund 3700 Aktien aus aller Welt in einem Produkt. Damit gehört dieser ETF zu den am stärksten diversifizierten Fonds.

Ein gutes Beispiel ist der „Vanguard FTSE All World ETF“, wobei FTSE für „Financial Times Stock Exchange“ steht. Diesen ETF kannst du in zwei Versionen kaufen – einmal als thesaurierende Variante (accumulating) und einmal als ausschüttende Variante (distributing).

Die beiden Produkte findest du unter folgenden Bezeichnungen und Kennnummern:

- Vanguard FTSE All-World UCITS ETF (Acc), ISIN: IE00BK5BQT80, WKN: A2PKXG (Thesaurierende Variante)

- Vanguard FTSE All-World UCITS ETF (Dist), ISIN: IE00B3RBWM25, WKN: A1JX52 (Ausschüttende Variante)

Auch der „MSCI World ACWI“ ist ein gutes Beispiel; ACWI steht für „All Country World Index“. Das entsprechende Produkt findest du unter:

- iShares MSCI ACWI UCITS ETF (Acc), ISIN: IE00B6R52259, WKN: A1JMDF (Thesaurierende Variante)

1-ETF-Lösung für Dividenden-Fans

Von Vanguard gibt es auch einen weltweit aufgestellten ETF, der sich auf Dividenden fokussiert: den High-Dividend Yield ETF. Er vereint weltweit große und mittelgroße Unternehmen mit überdurchschnittlicher Dividendenrendite. Der Zusatz „All-World“

im Namen weist darauf hin, dass auch Schwellenländer enthalten sind. Immobilieninvestmentfonds (REITs) sind jedoch nicht enthalten. Der ETF enthält ca. 1800 Aktien.

- Vanguard FTSE All-World High Dividend Yield UCITS ETF (Dist), ISIN: IE00B8GKDB10, WKN: A1T8FV (Ausschüttende Variante)

- Vanguard FTSE All-World High Dividend Yield UCITS ETF (Acc), ISIN: IE00BK5BR626, WKN: A2PLTB (Thesaurierende Variante)

Basisdepot mit zwei ETFs

Eine beliebte Kombination für ein Basisdepot mit zwei ETFs ist ein MSCI World ETF und ein Emerging Markets ETF. Im Gegensatz zum All-World-ETF kann hier die Gewichtung zwischen Schwellenländern und Industrieländern selbst bestimmt werden. Du kannst also beispielsweise den MSCI World mit 80 % und den EM ETF mit 20 % ins Depot nehmen oder auf 70/30 gehen oder jede andere Aufteilung wählen – du entscheidest. Hier ist ein konkretes Beispiel:

Nr. 1: MSCI World → Der Welt-Index

Der MSCI World ist ein Aktienindex, der die Entwicklung von über 1600 Aktien aus 23 Industrieländern abbildet. Er gilt als einer der wichtigsten Aktienindizes weltweit und wird vom US-amerikanischen Finanzdienstleister MSCI herausgegeben. Die darin enthaltenen Aktiengesellschaften werden nach ihrer jeweiligen Marktkapitalisierung im Streubesitz gewichtet.

Nr. 2: Emerging Markets → Die Schwellenländer

Der MSCI Emerging Markets Index ist ein Aktienindex, der die Entwicklung an den Börsen der wichtigsten Schwellenländer anhand von rund 850 Aktienwerten abbildet. Er wird ebenfalls vom US-amerikanischen Finanzdienstleister MSCI herausgegeben.

Warum sollte man die beiden ETFs kombinieren, um die ganze Welt abzudecken? Da der unter 1. genannte MSCI World keine Entwicklungsländer wie z. B. China als eine der größten Volkswirtschaften enthält und hier in den nächsten 10 bis 20 Jahren ein starkes Wirtschaftswachstum erwartet werden kann, lässt sich mit einer entsprechenden Kombination aus World- und Emerging Markets ETF der gesamte Weltmarkt gut abbilden.

Beispiel für einen ETF-Sparplan

Angenommen, du möchtest einen monatlichen Sparplan von 300 € einrichten, um von der Entwicklung der weltweiten Aktienmärkte zu profitieren. Dabei möchtest du weder viel Zeit in die Depotverwaltung investieren noch einzelne Aktien auswählen. Für das Beispiel habe ich bewusst einen ausschüttenden und einen thesaurierenden ETF gewählt, damit du dich mit dem Prinzip vertraut machen kannst.

Die Vorgehensweise

1 Sparplan auf einen ausschüttenden MSCI World ETF: z. B. Xtrackers MSCI World UCITS ETF. ISIN: IE00BK1PV551, WKN: A1XEY2.
Monatlicher Sparbetrag: 210 €.

2 Sparplan auf einen thesaurierenden MSCI Emerging Markets ETF: z. B. Xtrackers MSCI Emerging Markets UCITS ETF. ISIN: IE00BTJRMP35, WKN: A12GVR.
Monatlicher Sparbetrag: 90 €.

GOOD TO KNOW | Wenn du eine eigene Kombination aus z. B. einem MSCI World und einem Emerging Markets ETF wählst, achte darauf, dass du ETFs desselben Index-Anbieters wählst, also z. B. entweder MSCI oder FTSE. Ansonsten kann es sein, dass deine gewünschte Gewichtung aufgrund der unterschiedlichen Definitionen der Anbieter nicht korrekt erreicht wird. Wenn du etwa einen MSCI World ETF mit einem FTSE Emerging Markets ETF verbindest, kann es passieren, dass dir einzelne Länder komplett im Depot fehlen.

Exemplarisch habe ich das Depot mit dem Portfolio Tracking Tool „Parqet" abgebildet. Das Depot startet am 01.01.2016, mit einer einmaligen Investition zu diesem Datum von 3000 € in den MSCI World ETF und 1000 € in den Emerging Markets ETF. Du kannst live verfolgen, wie sich das Depot seit Beginn entwickelt hat.[13]

13 www.aktiengram.de/basis

Dein Risikoprofil nachträglich anpassen

Je länger du dein Geld an der Börse investierst, desto wahrscheinlicher ist es, dass du irgendwann in eine Krise gerätst. Zuletzt war es der Corona-Crash, dann die Unsicherheiten wegen der Situation in der Ukraine. In den vielen Jahren an der Börse wirst du ziemlich sicher noch viele weitere Crashs und Krisen erleben. Wenn du dann feststellst, dass dich eine Krisensituation mit Blick in dein Depot enorm belastet, solltest du dir überlegen, ob du in Zukunft eine Strategie wählst, die dir mehr Ruhe und Beständigkeit in dein Depot bringt. Das kann z.B. so aussehen: Du überlegst dir, wie viel Prozent deines Geldes du insgesamt in Aktien investieren möchtest oder ob du neben Aktien auch auf andere, weniger stark schwankende Anlageformen setzen möchtest. Vergiss dabei nicht, dass es kurzfristig zu starken Schwankungen kommen kann, langfristig aber der Aktienmarkt die größten Chancen für deine Geldanlage bietet.

MEINE STRATEGIE

Bestimmt erinnerst du dich noch an den Anfang dieses Buches, als ich von meinen zufällig ausgewählten Fonds sprach. Vieles an meiner Strategie hat sich seit dieser Zeit verändert, aber eine Sache habe ich beibehalten, denn diese hat sich für mich bewährt: Ich bezahle immer zuerst mich selbst! Das bedeutet, dass ich meine monatlichen Aktien- und ETF-Sparpläne so eingerichtet habe, dass sie kurz nach meinem Gehaltseingang ausgeführt werden.

Eine weitere Sache, der ich treu geblieben bin, ist mein Fokus auf Dividenden oder Ausschüttungen. Im Laufe der Jahre habe ich für mich festgestellt, dass diese regelmäßigen Auszahlungen eine enorme zusätzliche Motivation für mich darstellen. Ich kenne einige Menschen, die ohne Dividendeneinnahmen gar nicht oder nur mit wenig Begeisterung an der Börse aktiv wären. Nicht zu vernachlässigen ist dabei neben dem Zinseszinseffekt auch die mögliche Erhöhung der Dividende, die wir bereits im Kapitel Dividendenwachstum besprochen haben. Auch hier kommt wieder der Faktor Zeit ins Spiel.

Seit meiner ersten Dividende in Höhe von 6 €, die Ende 2011 auf meinem Konto landete, ist viel passiert. Ich habe fast jeden Monat Geld an der Börse investiert und 2018 auch damit begonnen, mir jede erhaltene Dividende zu notieren. Ich stelle fest, dass es mich unheimlich anspornt und immer wieder begeistert, die Steigerungen im Laufe der Jahre mitzuerleben. Dabei kommt es sehr oft vor, dass ich mich nicht mehr genau daran erinnern kann, welche Dividende ich vielleicht im Jahr 2019 erhalten habe und dann verblüfft feststelle, wie viel sich in der Zwischenzeit getan hat.

In der folgenden Tabelle erkennst du die Entwicklung meiner Dividenden über die Jahre: Auch einige meiner Fehlgriffe sind hier schön zu erkennen; so habe ich 2015 beispielsweise einige meiner zufällig gewählten Aktien und auch Anteile meiner Mitarbeiteraktien verkauft, wodurch die Dividende im Folgejahr erst einmal wieder gesunken ist.

Dezember	
2025:	7.037,84 €
(...)	
2019:	2.796,18 €
2018:	2.302,78 €
2017:	1.074,93 €
2016:	1.061,80 €
2015:	1.319,32 €
2014:	427,84 €
2013:	142,58 €
2012:	24,80 €
2011:	6,00 €

Im Dezember 2011 hatte ich mit meiner ersten Dividende ein monatliches Einkommen von 0,50 €.

Dezember 2011	6,00€
▪ Ø monatl. Einkommen (TTM)	0,50€

Im Dezember 2025 bin ich bei einem durchschnittlichen monatlichen Bruttoeinkommen aus Dividenden von ca. 635 €.

Dezember 2025	
▪ Ø monatl. Einkommen (TTM)	634,82€

Um das Thema Dividende greifbar zu machen, veröffentliche ich regelmäßig auf meiner Webseite unter aktiengram.de/dividende meine monatlichen Einnahmen aus Dividenden sowie die Anzahl meiner Aktien und meinen persönlichen Kaufpreis bzw. den jeweiligen durchschnittlichen Kaufpreis pro Aktie.

Damit möchte ich ein realistisches Bild zwischen investierter Summe und erhaltener Dividende in Bezug auf das jeweilige Unternehmen oder ETF-Produkt schaffen.

Vor einiger Zeit habe ich außerdem einmal für mich selbst aufgeschrieben, wie und warum ich investiere. Das hat mir sehr geholfen, Struktur in meine Überlegungen zum Investieren zu bringen: Alles sollte zu einem passen, zum eigenen Verständnis, zum eigenen Gefühl, zur eigenen Einschätzung der Zukunft und zu den persönlichen Plänen. Genau so habe ich mein Portfolio aufgebaut. Es sitzt, es passt, es wackelt (hier eher: schwankt), es hat Luft – und vor allem: Es passt zu mir.

Ich verfolge eine Buy-and-Hold-Strategie mit Fokus auf stetig steigenden Dividendenerträgen. Mein Ziel ist, langfristig Anteile guter Unternehmen in meinem Besitz zu haben. Also idealerweise nie zu verkaufen, es sei denn, es ändert sich etwas Grundlegendes oder es handelt sich um einen Betrugsfall (wie z. B. bei Wirecard).

Die Zeit ist mein Freund und der Zinseszinseffekt sowieso. Da ich mich nicht für schlauer als alle anderen Menschen halte, strebe ich nicht zwingend eine Überrendite an, sondern bin mit einer durchschnittlichen Rendite über die Zeit vollkommen zufrieden. Dabei spielen die Gebühren eine nicht zu unterschätzende Rolle (das habe ich aus meiner Zeit mit aktiven Fonds schmerzlich gelernt). Also möglichst nicht aktiv hin und her handeln, sondern breit diversifizieren und geduldig sein. Mein Geld soll für ein gutes Leben heute und eine gute Zukunft morgen arbeiten.

Depot-Aufteilung und Positionsgröße

Da ich mittlerweile selbst ein Depot bei verschiedenen Banken führe, benutze ich zur Übersicht ein Portfolio Tracking Tool. Hier habe ich für mich festgelegt, dass die Positionen einzelner Aktien nie die Schwelle von 8 % des Depotwerts überschreiten dürfen. Wird diese Grenze durch eine besonders positive Entwicklung überschritten, verkaufe ich einen Teil der Position und realisiere dadurch einen Gewinn. Die Festlegung einer Positionsgröße dient vor allem dazu, keine vermeidbaren Risiken (Klumpenrisiken) einzugehen. Insgesamt besteht mein Portfolio derzeit aus ca. 65 % Aktien und 35 % ETFs.

Ich kenne auch Personen, die bezüglich der Positionsgröße vorsichtiger vorgehen und bereits bei 4 % oder 5 % die Gewichtung anpassen. Ebenso gibt es solche, die keine Probleme damit haben, wenn eine Position zeitweise auf 15 % oder gar 20 % anwächst. Ausgenommen sind hier natürlich ETFs, die in sich zum Teil mehrere Hundert Unternehmen vereinen. Hier kann die Position natürlich auch 100 % des Depots ausmachen, wenn man beispielsweise eine 1-ETF-Strategie verfolgt.

KAPITEL III

10 DINGE, DIE ICH GERNE FRÜHER GEWUSST HÄTTE

„Hinterher ist man immer klüger“ lautet ein bekanntes Sprichwort. Und wie immer im Leben gibt es auch beim Sparen und Investieren so einige Dinge, die ich für meine persönliche Aktien-Life-Balance gerne früher gewusst hätte.

Dein eigener Vermögensaufbau wird wahrscheinlich nach und nach deinen Horizont und deine individuelle Einstellung zum Geld verändern. Ich möchte dir ein paar meiner persönlichen Erfahrungen schildern, vielleicht helfen sie dir auf deinem Weg.

1. FRÜHE FEHLER: DEIN FREUND UND HELFER

Investieren ist immer mit Risiken verbunden, folglich ist auch das Potenzial für Fehler unglaublich groß. Es ist wahrscheinlich unmöglich, das gesamte Börsenleben ohne Fehler zu durchlaufen. Sie gehören einfach dazu. Wer das Gegenteil behauptet, will vermutlich die Wahrheit nicht hören und belügt damit sich selbst und vielleicht sogar andere.

Meine ersten Jahre waren definitiv von vielen Fehlern geprägt. Auch jetzt bin ich noch lange nicht fehlerlos unterwegs und werde es vermutlich auch nie sein. Trotzdem bin ich grundsätzlich der Meinung, dass man auch sehr gut aus Fehlern lernen kann, ohne sie selbst begangen zu haben.

Wer früh anfängt zu investieren, hat nicht nur den Bonus, dass der Zinseszinseffekt mehr Zeit hat, sich zu entfalten, sondern vor allem den Vorteil, viele der Fehler im jungen Alter und wahrscheinlich mit kleineren Beträgen zu machen. Fehler mit kleineren Summen können einen das Gleiche lehren wie jene mit großen Summen, werfen einen aber beim Vermögensaufbau nicht so weit zurück.

Wer wie ich mit seinem Ausbildungsgehalt startet, kann weniger große Sprünge machen und dementsprechend wahrscheinlich auch weniger „teure" Fehler. Wenn dann der erste Job ansteht und das Gehalt wächst, haben wir hoffentlich für einige Fehlgriffe schon Lehrgeld bezahlt. Wenn man dann im Laufe seines Lebens mehr finanzielle Möglichkeiten erlangt, hat man bereits einige wertvolle Erkenntnisse gewonnen und handelt wortwörtlich umsichtiger.

2. DAS RISIKO RICHTIG EINSCHÄTZEN

Im Kapitel zum Thema Risiko haben wir schon einige Szenarien diskutiert, aber was ich mir hierbei auf jeden Fall früher zu wissen gewünscht hätte, ist, dass man Risiko nie isoliert betrachten darf.

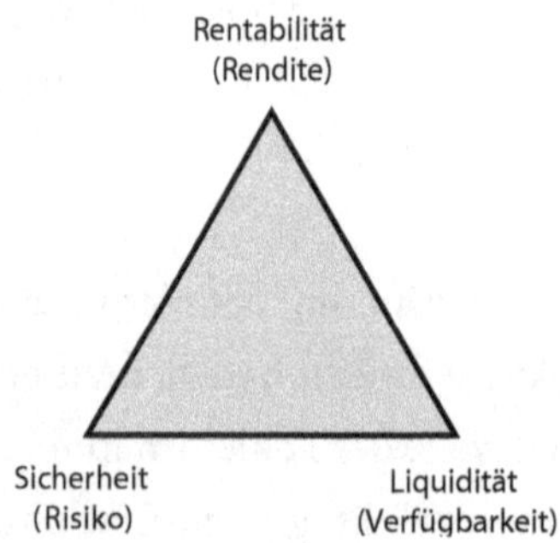

Hier kommt das sogenannte Renditedreieck mit den Eckpunkten Verfügbarkeit, Risiko und Rendite ins Spiel: Alle drei Punkte gleichzeitig weist keine Geldanlage auf. Früher dachte ich, dass es einfach Anlageformen gibt, die ein hohes Risiko haben, wie z.B. Aktien. Risiken sind aber immer gewissermaßen der Preis für eine attraktive Rendite. Unter dem Strich gilt allgemein: Mehr Risiko kann auch mehr Rendite bedeuten. Und mit wenig oder gar keinem Risiko lässt sich in der Regel auch nur wenig oder gar keine Rendite erzielen. Wer also wirklich Vermögen mit Rendite aufbauen will, muss ein wenig ins Risiko gehen. Wobei Risiko nicht gleich Verlust bedeutet. Es können auch einfach stärkere Schwankungen sein, die sogenannte Volatilität, die kurzfristig mal zuschlägt. Oder ein Einzelrisiko, das in einem diversifizierten Portfolio kleiner wird.

3. TRÜGERISCHE HEIMATLIEBE

Einer der Klassiker unter Anlegerinnen und Anlegern: der Home-Bias. Dieser Effekt bedeutet, dass z. B. Menschen aus Deutschland bevorzugt auch in deutsche Aktien investieren. Denn wir haben das Gefühl, sicher zu sein, uns auszukennen, Unternehmen und Mentalitäten besser einschätzen zu können.

In meinen Anfängen wäre ich im Traum nicht auf die Idee gekommen, dass ich auch Aktien außerhalb Deutschlands hätte kaufen können. Über meinen Fonds-Sparplan war ich zwar indirekt hier und da schon global aufgestellt, bewusst war mir das allerdings lange Zeit nicht. Fakt ist, dass der bloße Standort und die Börsennotierung eines Unternehmens keine ausreichenden Qualitätskriterien sein können, um danach seine Investments auszuwählen.

Warum sollte sich dein Depot von dem einer Person in Frankreich, Spanien oder Norwegen unterscheiden?

Daraus sollte man aber nicht den Schluss ziehen, überall außer in Deutschland zu investieren – das wäre ebenfalls verkehrt. Zum einen, weil wir hier in der Tat sehr viele hervorragende Unternehmen haben, zum anderen, weil es bei deutschen Aktien weniger aufwendig ist, auch einmal eine Hauptversammlung zu besuchen.

4. VERLUSTAVERSION – WIR SIND NICHT IM CASINO!

Während manche Menschen dazu neigen, ein zu hohes Risiko einzugehen, gehen andere zu konservativ vor und gefährden damit am Ende die eigene Zielerreichung.

Wenn z. B. ein 20-jähriger Student seine gesamten Ersparnisse in scheinbar sichere 2 %ige Staatsanleihen investiert, wird es ihm nicht gelingen, bis zum Rentenalter ein ausreichendes Vermögen aufzubauen, mit dem er seinen Lebensabend finanzieren kann; Rendite und der Zinseszinseffekt sind schlicht zu gering. Zudem frisst die Inflation die mageren Gewinne auf.

Aber auch ein zu großes Risiko bringt dich nicht ans Ziel, da dein Vermögen unter Umständen gefährdet ist.

Natürlich ist der wichtigste Teil bei der persönlichen Risikobestimmung, dass du dich mit deinem Vorgehen wohlfühlst und gut schlafen kannst.

Ein psychologischer Denkfehler, der uns bei der Bestimmung der eigenen Risikotoleranz immer begleitet, ist die sogenannte Verlustaversion. Bezogen auf die Börse bedeutet Verlustaversion letztendlich nur, dass Kursverluste uns deutlich mehr schmerzen als Kursgewinne uns erfreuen. Ich habe inzwischen schon häufiger erlebt, dass Leute von sich behaupten: „Ach, 40 % Minus im Depot halte ich locker aus." Doch wenn es dann tatsächlich mal so rapide abwärtsgeht, sieht es häufig anders aus: Die eigene Strategie wird hinterfragt und kurzerhand geändert, es folgen Verkäufe oder Umschichtungen zum schlechtestmöglichen Zeitpunkt. Mit dieser Panik, die bei großen Verlusten auftreten kann, machen Casinos ihre größten Gewinne.

Bei einer Kurssteigerung von 40 % hingegen ist die Freude nicht ansatzweise so groß wie der Schrecken bei minus 40 %. Man freut sich kurz, und im nächsten Moment denkt man sich vielleicht: „Das hätten ruhig auch 50 % sein können."

Verlustaversion

Kahneman & Tverskys Geldexperiment

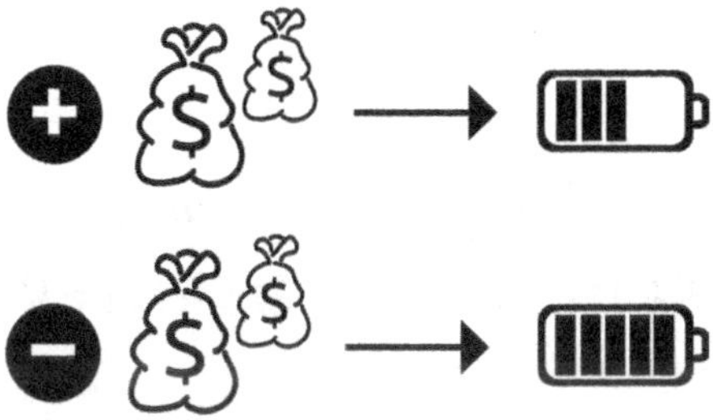

Quelle: https://waldhirsch.de/neuromarketing/verlustaversion/

Worauf ich letztlich hinaus will: Wirf nicht einfach deine Würfel oder Jetons nach Belieben aufs Feld, sondern nimm dir die Zeit, in Ruhe über dich und dein Risikoverhalten nachzudenken. Auch deshalb lohnt es sich, möglichst früh mit dem Investieren anzufangen und persönliche Erfahrungen zu sammeln.

5. STEUERN RICHTIG STEUERN

Auch wenn viele das Thema Steuern eher als notwendiges Übel betrachten, solltest du es nicht einfach verdrängen, sondern dich damit auseinandersetzen. Richte unbedingt deinen Freistellungsauftrag bei deinem Broker ein.

Übrigens: Wenn du vergessen hast, deinen Freistellungsauftrag einzurichten (siehe Kapitel „Steuern auf ETFs und Aktienfonds" ab S. 72), kannst du dir zu viel gezahlte Steuern auf deine Kapitalerträge über die Steuererklärung zurückholen. Das geht ganz einfach mit deiner Steuererklärung und der Anlage KAP für Einkünfte aus Kapitalvermögen, in der du deinen in Anspruch genommenen Freibetrag (hier: Sparerpauschbetrag) einträgst.

6. ANGST IST EIN SCHLECHTER BERATER

Im Spannungsfeld zwischen Hoffnung, Angst und anderen psychologischen Faktoren werden viele Entscheidungen von Gier und der Aussicht auf schnellen Profit angetrieben. Auch der Herdentrieb spielt eine nicht unwesentliche Rolle: Schreibt ein Magazin einen negativen Artikel über die allgemeine Börsenstimmung oder kündigt ein Crash-Prophet den nächsten Absturz der Weltmärkte an, kann sich dies durchaus in unbegründeten Schwankungen und unerwarteten Kurssteigerungen oder -verlusten niederschlagen. Die Börsenportale finden (oder erfinden) natürlich trotzdem für alles eine passende Begründung.

Sich von den täglichen Schwankungen an der Börse und den eigenen Emotionen leiten zu lassen, bringt uns nicht weiter. Unsere Gefühle können wir natürlich nicht einfach ausschalten; wir werden permanent von ihnen beeinflusst und geleitet. Das ist gefährlich, weil wir dadurch geneigt sind, von unserem Plan abzuweichen, anstatt weiter rational und logisch vorzugehen.

Der Altmeister der Börse André Kostolany hat den Zusammenhang zwischen Börsenkursen und der Wirtschaft mit einem hilfreichen Bild beschrieben: Er verglich Börse und Wirtschaft mit Hund und Herrchen bei einem Spaziergang. Der Mann geht langsam und gleichmäßig weiter, während der Hund mal weit vorausläuft, dann aber auch mal hinter dem Mann zurückbleibt. Für Kostolany repräsentiert der Mann die Wirtschaft und der Hund die Börse und somit die Aktienkurse.[14]

Nehmen wir noch mal die vorhin angesprochene Situation bei einem Crash an der Börse: Aufgrund der Ereignisse verkaufen Menschen panikartig ihre Aktien. Wenn sich die Kurse nach einiger Zeit wieder erholt haben, sitzt der Anleger auf seinem realisierten Verlust. Wäre er investiert geblieben, hätte er diesen vermieden.

Als Beispiel möchte ich erneut die Covid-Pandemie heranziehen: Hier gab es nicht nur einen riesigen Run auf Impfstoff-Aktien. Die Kurse vieler Unternehmen waren bereits eingebrochen, als noch völlig unklar war, was die Pandemie tatsächlich für die Wirtschaftslage bedeuten würde.

Was habe ich in dieser Situation getan? Zuerst einmal rein gar nichts. Am Tag des Crashs war ich aber auch besorgt: Mein Depot hatte erst vor wenigen Wochen einen neuen finanziellen Meilenstein erreicht, worüber ich mich riesig gefreut hatte. Wenige Tage später war alles dahin. Einen Einbruch von rund 35 % innerhalb weniger Tage hatte ich noch nie bewusst erlebt. Zuerst hatte ich Angst: Würde das Depot noch weiter fallen? Um nicht unüberlegt zu handeln, lenkte ich mich zunächst ab und unternahm weiterhin nichts. Nach einigen Tagen entschied ich mich schließlich, gezielt Aktien aus meinem Depot nachzukaufen, die besonders stark gefallen waren und von denen ich langfristig überzeugt war. Möglich wurde das durch mein Cash-Polster, welches ich in den letzten Jahren auf meinem Tagesgeldkonto angespart hatte.

---

14 https://www.handelsblatt.com/26239012.html

Aus heutiger Sicht habe ich viel zu wenig investiert, als die Kurse am Boden waren. In der damaligen Situation war ich aber davon ausgegangen, dass es noch weiter nach unten gehen könnte.

Auch hätte ich besser zusätzlich einen großen Teil in einen weltweiten ETF investiert. Einzelne Aktien haben in solchen Situationen oft ein höheres Renditepotenzial, aber auch ein deutlich höheres Risiko. Zum Zeitpunkt des Crashs war für viele Unternehmen ja nicht absehbar, dass sie aus der Krise gestärkt hervorgehen würden – genauso gut hätten die Krise und die staatlichen Maßnahmen sie in die Insolvenz treiben können. Dieses Risiko hätte ich mit einem globalen ETF besser senken können.

Dennoch war es rückblickend gut, dass ich mich nicht von meiner Angst habe leiten lassen. Es ist wichtig, sich zu informieren und auf dem Laufenden zu bleiben, aber man sollte nicht wegen einer Schlagzeile sofort seine langfristige Strategie wechseln.

Erst wenn sich die vorher definierten Ziele ändern oder die Anlage nicht mehr den Anforderungen entspricht, sollte man aktiv werden.

Gleiches gilt bei Hypes an der Börse: Einzelne Aktien oder bestimmte Branchen werden durch die Medien gepeitscht, die Kurse schießen wie Raketen in die Höhe. Ehe man sich's versieht, erliegt man der FOMO, der „Fear of missing out". Eine ausführliche Analyse des Unternehmens ist auf einmal nur noch zweitrangig, man denkt, jede Sekunde zählt und man müsste unbedingt jetzt eine erste Position kaufen, um die nächste Phase des starken Kursanstiegs mitzunehmen. Genau diese Herangehensweise ist insbesondere für langfristiges Investieren meist falsch und in der Regel kein Garant für den Erfolg an der Börse. In vielen Fällen passt die spontane Reaktion aus Angst, einen Gewinn zu verpassen, nicht mal zur eigenen Anlagestrategie. Man realisiert das erst, wenn der Hype vorbei ist und sich die Aktienkurse wieder beruhigen. Leider ist es dann oft zu spät, und die Aktie, die man nicht einmal richtig angesehen hat, steht bereits mit einem dicken Minus im Depot, weil man trotz seines „sofortigen" Handelns insgesamt doch viel zu teuer eingekauft hat.

Wenn du merkst, dass du in Panik gerätst, dann versuche herauszufinden, wovor du Angst hast. Liegt es daran, dass dein Depot nicht breit genug aufgestellt (diversifiziert) ist? Hast du dir einen Anlagehorizont gesetzt? Fehlt dir vielleicht auch ein ausreichender Notgroschen, der dich in unsicheren Zeiten entspannt bleiben lässt?

Lass dich nicht verrückt machen. An der Börse entstehen jeden Tag Chancen, und es ist nicht lebenswichtig, bei genau dieser einen Gelegenheit dabei zu sein – die nächste kommt bestimmt!

Angst muss außerdem nicht immer negativ sein – sie kann sich auch positiv auf dein Verhalten auswirken, wenn du sie in Respekt umwandelst. So kannst du vor einer Aufgabe Respekt haben, sie aber trotzdem in Angriff nehmen, weil sie dich nicht handlungsunfähig macht. Andererseits kann dieser Respekt auch verhindern, dass man sein ganzes Geld in eine einzige Investition steckt oder unüberlegt und überstürzt handelt.

7. SCHLECHTES BÖRSENWETTER UND KRISEN

Investieren bei „blauem Himmel und Sonnenschein" ist vergleichsweise einfach, und alle an der Börse haben dann das Gefühl, den absoluten Durchblick zu haben. Jede Investition sitzt, und man rechnet sich aus, in wie vielen Monaten oder Jahren man bei diesem Tempo wohl die Millionengrenze knacken wird.

Doch bei „schlechtem Börsenwetter" – also in Phasen fallender Kurse und pessimistischer Stimmung – sieht das schnell ganz anders aus. Dann stellt sich die Frage, ob Aktien- oder ETF-Sparpläne auf Eis gelegt werden sollen. In dieser Situation ist es wichtig, dass du deine langfristigen Ziele nicht aus den Augen verlierst. Überlege dir, in welche Aktien oder ETFs du investierst und warum. Mit einem langfristigen, weltweit diversifizierten Ansatz gibt es keinen Grund, einen Sparplan in schlechten Börsenzeiten zu stoppen. Schreibe deine eigenen Gedanken in solchen Situationen auf, und zwar so, dass du in der nächsten Krise oder schlechten Phase wieder darauf zurückgreifen kannst. Lies dann, wie du dich gefühlt hast, und lerne daraus. Das mag auf den ersten Blick etwas albern klingen, aber ich selbst habe kurz nach dem Höhepunkt (oder an den Aktienkursen gemessen eher dem Tiefpunkt) der Pandemie meine Gedanken dazu aufgeschrieben, und es hilft mir sehr, das in einer solchen Situation nachlesen zu können.

Eine weitere Frage höre ich in schlechten Börsenzeiten häufiger: Ist die Krise ein guter Zeitpunkt, um mehr zu investieren? Niemand kann auf diese Fragen zuverlässig eine Antwort geben. Die berühmte magische Glaskugel, mit der wir die Zukunft an der Börse vorhersagen können, gibt es nicht. Auch wenn sich manche anmaßen, hier eine Vorhersage treffen zu können, so ist es letztlich doch nur Raten und nicht Wissen. Die Chancen stehen immer 50:50, vielleicht hat man Glück und die Aussage trifft zu, vielleicht aber auch nicht.

Zwei Dinge sind sicher: Erstens, dass wir nicht genau wissen, wann sich die Börse nach einer Krise wieder erholt. Zweitens, dass sich die Börse nach starken Einbrüchen und Krisen früher oder später immer wieder erholt hat.

Was ich im Umgang mit Börsenkrisen gelernt habe, ist, dass weder Angst noch gierige Euphorie gute Ratgeber sind. Jede Krise an der Börse kann in gewisser Weise auch als eine Chance gesehen werden: sei es, um ein Stück mehr über sich selbst und seine Risikotoleranz zu lernen oder um mit dem Gelernten zukünftige Entscheidungen anders zu gestalten. Wichtig ist dabei immer, zu reflektieren und sich selbst möglichst neutral und „von außen“ zu betrachten. Auch das kannst du lernen!

8. LUST AUF PSYCHOSPIELCHEN?

Der Begriff „Bias“ ist in diesem Buch bereits mehrfach gefallen. Deshalb möchte ich an dieser Stelle auf die häufigsten Verzerrungen in unserem Denken in Bezug auf die Börse eingehen.

Der Rückschaufehler (Hindsight Bias)

Das ist einer der bekanntesten Denkfehler, dem wahrscheinlich fast jeder schon einmal zum Opfer gefallen ist.

Er besagt, dass wir nach dem Eintreten eines Ereignisses dessen Vorhersehbarkeit überschätzen. Das liegt an der Verzerrung der eigenen Wahrnehmung.

Ein Beispiel: Viele Anlegerinnen und Anleger denken heute etwa: „Ich habe eigentlich immer gewusst, dass Amazon ein sehr erfolgreiches Unternehmen wird. Mein Fehler war, dass ich nicht frühzeitig investiert habe. Dadurch ist mir viel Rendite entgangen. Diesen Fehler mache ich nicht noch einmal." Dabei lassen wir aber außer Acht, dass vor 20 Jahren sicherlich zehn andere Unternehmen interessant und vielversprechend erschienen und man damals überhaupt nicht wissen konnte, welches Unternehmen die besten Renditen erwirtschaftet und welches heute nicht mehr existiert. Von den zehn spannenden Unternehmen mit glorreichen Zukunftsaussichten vor 20 Jahren sind heute vielleicht noch drei übrig, und eines davon ist Amazon. Hätte man damals wirklich gewusst, wie sich das Unternehmen in den nächsten 20 Jahren entwickeln würde, hätte man sicher in die Aktie investiert. Im Nachhinein passt man seine eigenen Vorstellungen oft unbewusst an das heutige Ergebnis an.

Die Folge dieses Effekts ist, dass wir im Nachhinein glauben, einen offensichtlichen Fehler gemacht zu haben. Dabei war das Ergebnis eigentlich ziemlich ungewiss.

Overconfidence (Selbstüberschätzung)

Ein weiterer beliebter Fehler ist es, zu sehr von einem Unternehmen, einer Aktie oder auch einer Person überzeugt zu sein.

Dann werden den Unternehmen schnell zu hohe und teilweise utopische Erfolgschancen eingeräumt. Grundsätzlich ist nichts Schlechtes oder Verwerfliches daran, von einer Aktie sehr überzeugt zu sein. Schließlich ist eine tiefe Überzeugung einer der Hauptgründe, überhaupt in eine entsprechende Aktie zu investieren. Das sollte aber nicht dazu führen, dass man vor lauter Überzeugung sein ganzes Geld in dieses eine Unternehmen steckt. Eine Aktie sollte nur so hoch gewichtet werden, dass man im schlimmsten Fall einen Totalverlust verkraften kann, ohne dass die Performance des Depots über Jahre oder gar Jahrzehnte leidet.

Confirmation Bias (Bestätigungsfehler)

Auch der „Bestätigungsfehler" beschreibt die Tendenz, unbewusst eher nach Informationen zu suchen, die die eigenen Thesen und Meinungen stützen. Andere Meinungen und gegensätzliche Annahmen werden eher nicht zur Kenntnis genommen oder schnell ignoriert. Insbesondere in Kombination mit der bereits erwähnten Selbstüberschätzung ergibt sich eine explosive Mischung für gravierende Fehlinvestitionen. Zugegebenermaßen finde ich es manchmal auch schwierig, trotz einer starken eigenen Meinung oder Einstellung zu einem Thema möglichst objektiv zu sein und auch kritischen Stimmen gegenüber aufgeschlossen zu bleiben. Es passiert oft wie von selbst, dass man andere Meinungen nicht für voll nimmt oder sie einfach ignoriert.

Ziel ist es daher, sich die Existenz des „Confirmation Bias" immer wieder vor Augen zu führen und dadurch mehr Objektivität in die eigenen Gedanken und Analysen zu bringen.

Availability Bias (Verfügbarkeitsfehler)

Der sogenannte Availability Bias betrifft eher ältere Anlegerinnen und Anleger sowie Personen mit viel Erfahrung in einem Bereich, wie z. B. Aktienanlagen. Ohne es belegen zu können, kann ich mir vorstellen, dass auch Menschen diesem Fehler unterliegen, die nur glauben, sich in einem Thema sehr gut auszukennen. Diese Personen neigen dazu, sich nur auf ihre eigenen Erfahrungen zu konzentrieren und sich Neuem gegenüber zu verschließen. Frei nach dem Motto: „Das haben wir schon immer so gemacht!"

Um keine falschen Schlüsse zu ziehen: Ich kenne viele Investorinnen und Investoren, die deutlich mehr Erfahrung haben als ich, und die meisten zeichnen sich eher dadurch aus, dass sie sich kritisch hinterfragen und mit der Zeit gehen.

Was man aus diesem Bias für seinen weiteren Weg an der Börse und im Leben aber auf jeden Fall mitnehmen sollte, ist, sich nicht nur auf seine Erfahrungen zu verlassen, sondern auch die Fähigkeit zu trainieren, sich immer wieder infrage zu stellen und Neuem mit offenen Armen zu begegnen.

Wo wir schon bei der Psychologie sind: Auch der Monk in uns ist manchmal zu Gast, wenn es um das Thema Börse geht. So habe ich einen Bekannten, der keine ungerade Anzahl Aktien kaufen kann. Es muss immer eine gerade Zahl sein oder besser noch in regelmäßigen Fünferschritten. 20, 25, 30 Aktien – damit lebt er am besten! Den Anblick von beispielsweise 13 Apple-Aktien im eigenen Depot kann er kaum ertragen. Aktien-Sparpläne sind damit leider völlig raus, denn 5,67 Anteile einer Aktie zu besitzen wäre für ihn absolut unerträglich oder nur in einem Depot umzusetzen, in das er niemals reinschaut – was in meinen Augen vielleicht gar keine schlechte Strategie wäre.

Ich bin mir sicher, dass es noch viele solcher kleinen Psychomacken unter Anlegerinnen und Anlegern gibt. In den meisten Fällen sind diese Art von Ticks natürlich mit Humor zu betrachten. Wenn man aufgrund derer allerdings Sparpläne für die eigene Strategie pauschal ausschließt, schränkt man sich in meinen Augen unnötig ein und kann nicht alle Möglichkeiten nutzen, die einem die Börse bietet.

9. WAS KOSTET DIE AKTIENWELT?

Aus meiner eigenen Erfahrung sind Gebühren häufig eine Komponente, die sehr wenig oder erst zu spät Beachtung findet. Kontoführungsgebühren, Depotführungsgebühren und insbesondere Ordergebühren. Über die vergangenen Jahre haben sich die Orderkosten durch Neobroker und günstige Anbieter schon deutlich verbessert, und man kann nur hoffen, dass es in Zukunft so bleibt und wir nicht wieder in Zeiten zurückfallen, in denen eine normale Order 12 € kostet, wodurch insbesondere Aufträge mit kleinerem Volumen sich fast nicht mehr lohnen.

Im Jahr 2026 bieten viele Broker sehr attraktive Gebührenmodelle an, bei denen beispielsweise Aktien- und ETF-Sparpläne gebührenfrei ausgeführt werden. Aber nicht nur beim Kauf von Aktien und ETFs können Gebühren anfallen. Wenn du dich entscheidest, Aktien oder ETFs zu verkaufen, werden in der Regel ähnliche Ordergebühren und zusätzlich die bereits erwähnten

Steuern (Kapitalertragssteuer, Soli und Kirchensteuer) auf den Gewinn fällig. Verkaufst du eine Aktie ohne Gewinn oder gar mit Verlust, fallen zwar keine Steuern an, aber die Gebühren zahlst du dennoch.

All diese Gebühren verursachen natürlich Kosten. Je nach Broker und Anzahl bzw. Häufigkeit der Transaktionen mehr oder weniger.

Wenn man hier nicht aufpasst, kann das schnell zu horrenden Summen führen. So wurde mir in einem Jahr von meinem Broker ein stolzer mittlerer dreistelliger Betrag als „Kostenausweis für das vergangene Jahr" ausgegeben. Ich staunte nicht schlecht. Sehr viele meiner Aktien-Sparpläne mit jeweils 1,5 % Gebühr der Sparplansumme pro Ausführung, hier eine Auslandsorder für 25 €, dort ein kleiner Nachkauf für 15 €. Schnell war eine Summe erreicht, die ich in absehbarer Zeit weder durch Kurssteigerungen noch durch erhaltene Dividenden ausgleichen konnte. Im Gegenteil, ich hatte für dieses Jahr einen satten Verlust gemacht. Zwar gab es damals noch nicht die Möglichkeit, bei einem günstigen Neobroker zu handeln, aber vielleicht war das auch gut so, denn ich habe in diesem Jahr am eigenen Leib erfahren, wie wichtig es ist, die Gebühren und Kosten im Blick zu behalten.

10. BELEHRUNGEN, NEIN DANKE – ERFAHRUNGEN, JA BITTE!

Mit diesem Abschnitt möchte ich dich ermutigen, dein persönliches Netzwerk aktiv aufzubauen und zu nutzen. Die Menschen um dich herum können eine wertvolle Quelle von Wissen, Unterstützung und Inspiration sein, wenn du dich auf den Weg in die Welt der Börse machst. Erweitere dein Netzwerk, sei offen für neue Kontakte und teile deine eigenen Erfahrungen und auch deine Sorgen großzügig – du wirst erstaunt sein, wie sehr das deinen Weg bereichern kann. In gewisser Weise habe ich das in den letzten sechs Jahren selbst erlebt. Als ich 2020 meinen Instagram-Kanal und Blog Aktiengram startete, war einer meiner wichtigsten Beweggründe, mich mit anderen Menschen über die Börse auszutauschen, weil mir das private Umfeld dazu fehlte.

Sicherlich wird es immer auch Belehrungen von oben herab geben – meist durch Personen, die man nie nach ihrer Ansicht gefragt hat. Das sollte dich aber nicht daran hindern, dir deine eigene Meinung zu bilden und sie auch zu äußern. Ein persönliches Netzwerk von Gleichgesinnten kann dir nicht nur emotionale Unterstützung bieten, sondern auch wertvolles Wissen und praktische Erfahrungen vermitteln. Die Möglichkeit, sich mit anderen auszutauschen, Gedanken über Aktien und ETFs zu diskutieren und aus ihren Fehlern und Erfolgen zu lernen, ist unbezahlbar.

Eine gute Möglichkeit ist die Teilnahme an Börsenstammtischen oder Online-Communitys. In größeren Städten findest du nahezu immer einen regelmäßigen Börsenstammtisch. Hier lernst du Menschen kennen, die deine Interessen und Ziele teilen, und die Gespräche mit ihnen werden nicht nur dazu beitragen, dein Verständnis für den Aktienmarkt zu vertiefen, sondern auch dein Selbstvertrauen zu stärken. Schau doch gleich einmal nach, ob es in deiner Nähe einen solchen Stammtisch gibt!

BONUS: NOCH MEHR TIPPS, TRICKS UND MOTIVATION

Die Welt ist nicht schlecht

Wer regelmäßig die Medien verfolgt, wird leicht ein negatives Weltbild entwickeln; negative Nachrichten werden überwiegend berichtet, sie setzen sich eher in unseren Köpfen fest als positive und verzerren unsere Wahrnehmung. Ich selber versuche, möglichst optimistisch zu bleiben. Immerhin geht es der Menschheit bis jetzt im Großen und Ganzen immer besser und besser. Trotzdem erhalten Horrornachrichten, Pessimisten und Crashpropheten stets mehr Aufmerksamkeit. Hier empfehle ich sehr das Buch „Factfulness“ von Hans Rosling. Auch ein wenig Recherche auf der Seite ourworldindata.org kann helfen, einen differenzierten Blick zu bekommen.

Aktien schlagen langfristig alles

Aktienrenditen können kurzfristig sehr volatil sein, sind aber langfristig dennoch sehr stabil. Im Laufe der Zeit entwickeln sich Aktien immer besser als zum Beispiel Anleihen. Auf lange Sicht sind sie dabei auch noch weniger riskant. Bei einer Anlagedauer von mindestens 10 Jahren haben Aktien im Durchschnitt sogar eine Wahrscheinlichkeit von über 80 %, Anleihen zu übertreffen. Sie bieten allgemein langfristig die höchste reale Rendite aller Anlageklassen.

Timing bedeutet nichts, Zeit alles

Timing: Versuche nicht, den Markt zu timen. Du wirst nicht stets den perfekten Moment finden, um eine Aktie vor einem eintretenden Verlust zu verkaufen, oder genau dann einzusteigen, bevor die Kurse am nächsten Tag rasant steigen. Es ist genauso anspruchsvoll, Aktien zu verkaufen, wenn die Kurse hoch sind und die Stimmung optimistisch ist, wie es schwierig ist einzukaufen, wenn die Märkte niedrig sind, Pessimismus herrscht und nur wenige das Vertrauen haben, wieder in Aktien zu investieren.

Kurzfristige Entwicklungen sind sehr unsicher. Weniger als 25 % aller großen Marktbewegungen können mit einem Nachrichtenereignis von großer politischer oder wirtschaftlicher Bedeutung in Verbindung gebracht werden. Dies bestätigt die Unberechenbarkeit des Marktes und die Schwierigkeit, kurzfristige Bewegungen vorherzusagen.

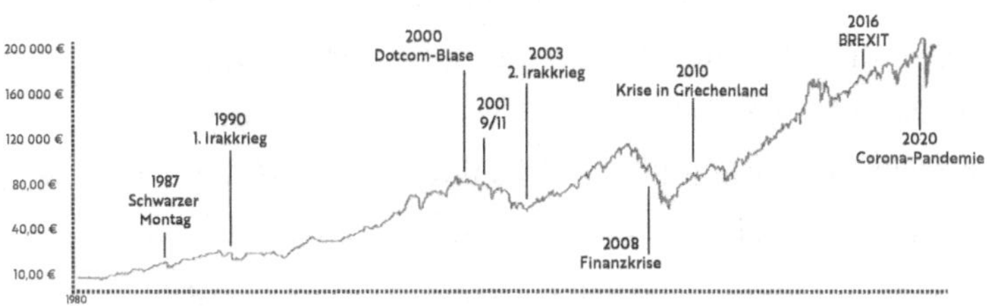

Quelle: https://www.smartfinancial.ie/time-in-the-market-vs-timing-the-market/

Die Zeit ist dein Freund: Das Bewusstsein für größere Geldsummen wächst auf natürliche Weise, indem wir diese selbst erarbeiten oder auch ansparen. Denke einmal zurück an deine Kindheit und was für eine enorm große Summe damals schon ein Betrag von 100 € für dich war. Heute setzt die Ehrfurcht vor so einer großen Summe vielleicht erst bei 10 000 € oder 100 000 € ein. Wenn du die 100 000 € erreicht hast, wird die Summe automatisch entzaubert und der nächste Schritt ist vielleicht 250 000 € oder gleich eine halbe Million.

Die richtigen Ziele & realistische Vorstellungen

„Schnell reich werden" ist nicht das richtige Ziel, um wirklich Vermögen aufzubauen. Wer an der Börse das Ziel hat, rasch viel Geld zu verdienen, wird in der Regel scheitern, denn hohe Rendite bedeutet hohes Risiko.

Langsam aber sicher: Man kann „langsam" und mit Kontinuität sehr reich werden, aber Reichtum, der nicht geerbt wird, ist immer auch mit Arbeit verbunden. Und Geld ist nicht alles, das würde dir jeder alte Börsenhase jederzeit bestätigen. Deshalb verkrampfe dich nicht beim Investieren. Es ist immer auch sinnvoll, sich weiterzubilden und zu überlegen, wie man der Gesellschaft einen Mehrwert bieten kann, um „innerlich reich" zu werden. Jenseits des materiellen Reichtums gibt es noch viel mehr Werte im Leben, sogar ganz wertvolle Dimensionen: gemeinnütziges Engagement, tiefe Verbundenheit mit anderen, reines Glück und auch Liebe bilden die Grundlage für inneren Reichtum. Diese Schätze bereichern unser Leben in einer Weise, die weit über materielle Werte hinausgeht.

Stimmen aus der Community

Auch meine Abonnentinnen und Abonnenten auf meinen Social-Media-Kanälen habe ich gefragt, was sie gerne früher über die Börse gewusst hätten. Dabei sind einige spannende Antworten zusammengekommen, von denen ich zwei hier mit dir teilen möchte:

„Ich persönlich hätte mir eine andere Einstellung gewünscht. Mein Patenonkel und meine Patentante arbeiten beide bei einer Bank und haben mir immer vermittelt, dass Börse, Aktien und Geld anlegen ein ganz schwieriges Thema sei. Das ist nur was für Profis, und dafür bist du eigentlich nicht schlau genug. Mein ‚Problem' war also der Gedanke, das können nur die Profis in der Bank. Vertraue denen, die machen das jeden Tag und wollen nur das Beste für dich. Als ich Mitte 20 war, hatte mein damaliger Arbeitgeber ein Angebot für Mitarbeiter, Aktien zum halben Preis mit einer Mindesthaltedauer zu kaufen. Was aus der Verwandtschaft kam, kannst du dir natürlich denken. Ich habe die Aktien dann aber entgegen aller guten Ratschläge gekauft. Jahre später habe ich sie mit einem schönen Gewinn wieder verkauft. Erst mit 36 habe ich angefangen zu handeln. Geld? Investieren? Ich bin doch nicht dumm! Ich kann das alleine! Glaube an dich und deine Fähigkeiten. Diese Gedanken habe ich lange vermisst." Chris, 39

„Vertraue niemals blind den ‚heißen' Tipps anderer. Jeder, der sich mit der Börse beschäftigt, kennt das. Ein Nachbar, Freund, Kollege oder der ‚Experte' irgendeines Formats im Internet hat DEN heißen Tipp. Ein heißer Börsengang, starke Quartalszahlen, eine unglaubliche neue Technologie oder ein potenzieller Tenbagger (eine Aktie, die sich verzehnfacht). Erstens, und das ist das Wichtigste, passen

diese Tipps wahrscheinlich nicht unbedingt zu deiner Anlagestrategie. Als Folge weicht man von der eigenen Linie ab, wenn dem Tipp gefolgt wird. In den meisten Fällen geht dieses Vorgehen leider nach hinten los – andernfalls wäre es echt leicht, an der Börse Multimillionär zu werden. Die meisten Tipps für den großen Erfolg an der Börse funktionieren nicht. Angenommen, sie würden funktionieren und du hättest eine Methode, um Aktien zu identifizieren, die sich mit Sicherheit in kürzester Zeit verzehnfachen. Ich wette, dass deine erste Reaktion nicht wäre, deine Strategie für eine geringe Gebühr oder gar kostenfrei auf YouTube in die Welt hinauszuposaunen. Das ist eher das Vorgehen, wenn deine Strategie Müll ist, aber du sie anderen Leuten gut verkaufen kannst und dann mehr von diesen Verkäufen profitierst als von deiner Strategie. Zumal die Börse eine sehr interessante Eigenschaft hat: Eine Strategie, die wirklich funktioniert, funktioniert meistens nur im kleineren Rahmen, aber nicht mehr, wenn jeder danach vorgeht.“ Tina, 33

KAPITEL IV

ÜBER DEN **TELLERRAND**

Angesichts all dessen, was wir bereits gelernt haben, und der klaren Strategie, die vor uns liegt, möchte ich dich dazu ermutigen, ohne Zögern zu beginnen. Lass dich nicht durch die Unvorhersehbarkeit des Aktienmarktes entmutigen. Es ist nicht notwendig, nach dem perfekten Zeitpunkt für den Ein- oder Ausstieg zu suchen – wichtiger ist eine Strategie, die auf langfristigem Wachstum, breiter Streuung und sorgfältiger Auswahl der Unternehmen basiert – dein persönlicher Weg zu deiner Aktien-Life-Balance.

Auch wenn es schwierig sein mag, den Mut aufzubringen, Aktien zu kaufen, wenn die Märkte am Boden liegen, oder sie zu verkaufen, wenn sie auf dem Höhepunkt sind, sollten wir uns daran erinnern, dass Investieren zwar ein wichtiger, aber nicht der einzige Aspekt des Lebens ist. Bevor wir uns auf den Weg machen, werfen wir einen letzten Blick auf unseren Plan und vergewissern uns, dass wir für diese aufregende Reise gut vorbereitet sind.

INVESTIEREN IN AKTIEN IST NICHT ALLES

Viele verschiedene Aspekte, Perspektiven und Sichtweisen rund um das Thema Börse wurden in den vorangegangenen Kapiteln behandelt. Dabei dürfen wir aber nie das große Ganze aus den Augen verlieren – das Leben an sich.

Für mich persönlich ist der größte Ausgleich im Alltag der Sport. Und auch hier kann man von einer Investition sprechen: einer in die eigene Fitness und damit in die Gesundheit. Viele Menschen denken beim Investieren nur an die Börse, aber man kann auch anders investieren und dabei gute Renditen erzielen. Diese werden zwar nicht in Geld ausgezahlt, aber sie bereichern das Leben in anderen Bereichen.

1 **Sport:** Wer regelmäßig Sport treibt, investiert Zeit und Energie in seinen Körper. Auf Dauer wird man dadurch fitter, gesünder und fühlt sich auch psychisch besser. Es gibt kaum etwas Schöneres, als erschöpft vom Training nach Hause zu kommen. Warum denn außerdem Vermögen aufbauen und sich mühsam einen Wohlstand im Alter erwirtschaften, wenn man diesen dann nicht nutzen und genießen kann? Man kann zwar immer unvorhergesehen erkranken, aber viele Parameter der Gesundheit hat man mit ausreichend Bewegung und einer gesunden Ernährung selbst in der Hand. Und wir wollen ja unser Geld nicht nur für medizinische Behandlungen und Aufenthalte im Krankenhaus ausgeben.

2 **Beziehungen:** Wer Zeit für seine Mitmenschen investiert, baut ein Netz an Bekanntschaften und Freundschaften auf. Dieses fängt einen auf, wenn es mal nicht so gut läuft – und umgekehrt. Zu geben, ohne selbst etwas zu nehmen, ist eines der schönsten Gefühle.

3 **Beruf:** Wer vorankommen will, muss Lösungen schaffen und nicht nur Probleme finden. Dafür muss man oft erst etwas leisten, bevor man belohnt wird. Auch wer ein eigenes Unternehmen gründen will, muss dafür im Vorfeld Kapital lockermachen. Wer morgen erfolgreich sein will, muss also heute investieren, auch in die Karriere.

4 **Reisen:** Ich selber habe leider viel zu spät damit angefangen, einen Teil meines Geldes in größere Reisen zu investieren. Damit meine ich nicht den klassischen All-inclusive-Hotel-Aufenthalt, sondern Urlaube, bei denen man Land und Leute erlebt. Bei denen man in andere Kulturen eintaucht, Menschen kennenlernt und Landschaften entdeckt, die man sich kurz zuvor nicht hätte erträumen lassen. Man bekommt ein Gefühl dafür, wie groß und vielfältig die Welt ist. Die Erlebnisse, die ich auf einer Südafrikareise gesammelt habe, bleiben mir für immer im Kopf. Mich haben solche Reisen immer unglaublich bereichert. Nicht nur in Bezug auf meine persönliche Entwicklung, sondern auch was mein eigenes Verständnis der weltweiten Wirtschaft angeht.

Ganz am Anfang dieses Buches habe ich dir erzählt, dass ich selbst nie auf die Idee gekommen wäre, nach der Schule zu studieren, weil mir der Blick über den Tellerrand gefehlt hat. Deshalb möchte ich den letzten Abschnitt genau diesem Thema widmen. Zu deiner Aktien-Life-Balance gehört neben dem Aufbau eines Depots noch so viel mehr: Investiere nicht nur in dein Depot, sondern auch in dich selbst.

Der Begriff Humankapital klingt in meinen Ohren immer ziemlich schrecklich, aber die Bedeutung dahinter ist sehr wertvoll. Dieser Begriff bezeichnet eigentlich deinen wichtigsten Vermögenswert, nämlich streng genommen den Wert deiner eigenen Arbeitskraft – und etwas freier interpretiert auch deine Lebenskraft.

Du kannst dein Bildungsniveau verbessern, neue Fähigkeiten und Qualifikationen erwerben, Berufserfahrung sammeln. Du kannst deine sozialen und kommunikativen Fähigkeiten verbessern und natürlich auch an deiner Persönlichkeit arbeiten. Und damit meine ich nicht die endlose Selbstoptimierung, sondern Dinge wie beispielsweise deine Kreativität.

Über den Tellerrand hinausschauen kann auch bedeuten, etwas zurückzugeben. Vor fünf Jahren habe ich mit anderen Finanzbloggern eine Aktion gestartet, bei der wir zusammen mit unseren Communitys alle Dividenden, die wir im Dezember erhalten, an die Deutsche Kinderkrebsstiftung gespendet haben. In den vergangenen drei Jahren sind bereits über 190 000 € zusammengekommen. Wer in Aktien investiert, ist nicht automatisch egoistisch, denn mit dem verdienten Geld kann man auch anderen helfen.

Zu einem erfüllten Leben gehören für mich mehrere Bereiche. Die Börse und der Vermögensaufbau, den sie ermöglicht und der in diesem Buch beschrieben wird, stellen für mich einen dieser Bereiche dar. Gesundheit, Erlebnisse, Soziales – da ist so vieles mehr! Die Erinnerungsdividende, wie ich schon öfter gelesen habe.

Ruhe, Sport, Natur, den Blick auf die Welt durch Reisen zu verändern – das sind Dinge, die für eine Balance wichtig sind und die vielleicht sogar deine Performance an der Börse verbessern. Einerseits weil du dank des Ausgleichs fokussierter und konzentrierter vorgehen kannst. Andererseits kannst du vor allem bei manchen Einzelaktien eine viel bessere Einschätzung treffen, weil du eine Basis dafür hast: Das Potenzial einer Aktie, die nach Indien expandiert, kannst du vielleicht besser beurteilen, wenn du selbst einige Zeit vor Ort verbracht hast.

SCHLUSSWORT

Du hast jetzt eine ganze Menge über ETFs und die Welt der Aktien gelernt – mehr als du vielleicht erwartet hast. Ich hoffe, es ist mir gelungen, dir die Welt der Börse auf verständliche und spannende Weise näherzubringen. Mein Ziel ist es, dir mit diesem Buch eine Portion Motivation, Inspiration und neue Denkansätze mit auf den Weg zu geben. Vergiss dabei nicht: Investieren ist nicht alles im Leben. Es ist ein Werkzeug, das dir helfen kann, deine persönliche Aktien-Life-Balance zu erreichen – es gibt noch so viel mehr zu entdecken und zu erleben!

Der erste Schritt ist oft die größte Hürde. Jetzt hast du das Wissen und die Motivation, diesen zu machen. Du bist bereit, deine finanzielle Zukunft selbst in die Hand zu nehmen und deine Ziele zu verwirklichen.

Worauf wartest du noch? Es kann losgehen! Und denke immer daran: Die Börse ist ein Marathon, kein Sprint. Denn wie wir gesehen haben, sind es vor allem Verständnis und Vertrauen, die uns langfristig am Ball bleiben lassen. Wofür und wogegen du dich am Ende entscheidest, kannst du immer noch am besten selbst herausfinden. Denn niemand kümmert sich so gut um dein Geld wie du selbst.

KAPITEL V

NACHWORT – ODER: VON LANGEN REISEN UND ZIELEN UNSERER TRÄUME

Mit dem letzten Kapitel möchte ich dir noch eine ganz besondere Perspektive bieten – und zwar direkt aus dem Erfahrungsschatz von meinem Freund und Mentor Helmut Jonen. Er blickt auf über 44 Jahre Börsenerfahrung zurück und hat unzählige Erfahrungen gesammelt, die er offen und nachvollziehbar mit uns teilt.

Ein chinesisches Sprichwort sagt: „Auch die längste Reise beginnt immer mit dem ersten Schritt." Reisen können dabei sehr kurz sein, wie eine schöne Wochenendreise, aber natürlich auch sehr lang, eine ausgedehnte Weltreise über viele Monate oder noch länger. Die Reise, auf die wir uns in dem vorliegenden Buch von Lisa begeben, wird aber nur dann Sinn ergeben, wenn sie sehr lange dauert. Wenn Menschen den Weg an die Börse finden, sollten sie auf jeden Fall eine sehr lange Reise antreten, die idealerweise nie aufhört und das ganze Leben dauert.

Wie bei einer richtigen Reise steht dabei am Anfang immer ein wenig Aufwand, man muss sich überlegen, was möchte ich mit meiner Börsenreise erreichen und was benötige ich für diese Reise? Lisa beschreibt in diesem Buch zuerst ihren persönlichen Weg an die Börse. Sie zeigt dabei auf, dass die Hürden gar nicht so hoch sind, um ein Leben an und mit der Börse zu beginnen.

Lisas Börsenreise begann bereits vor vielen Jahren, und als wir uns 2020 das erste Mal persönlich getroffen haben, habe ich sehr schnell einige Parallelen zwischen uns beiden festgestellt. Ihre Anfänge an der Börse haben mich an meine eigenen erinnert: Als ich im Januar 1982 die ersten Aktien meines Lebens gekauft habe, war ich Anfang 20. In diesem Alter zu beginnen, langfristig an der Börse zu investieren, ist besonders sinnvoll. Auch Lisa hat dies schon früh erkannt und war noch nicht einmal 20, als die erste Aktie in ihrem Depot gelandet ist.

Wenn ich Lisas Buch lese und ihren Weg an der Börse verfolge, fällt mir wieder ein, wie ich meine erste Aktie gekauft habe, wie die erste Dividende eingegangen ist und wie mir ein paar Meilensteine gelungen sind. Auch wenn mein Börsenstart fast 30 Jahren vor dem von Lisa liegt, stelle ich immer wieder fest, dass sich im Vergleich zu heute gar nicht so viel verändert hat.

Natürlich nutzen wir an den Börsen heute Technologien und Informationsmöglichkeiten, von denen ich damals nur träumen konnte, aber die wichtigsten Lektionen gelten heute an der Börse noch genauso wie bei meinem Börsenstart vor über 44 Jahren: Diese wichtigen Dinge sind Hoffnungen und Ängste, die jeder Anleger mit der Börse verbindet. Da ist die Angst, dass wir an der Börse Geld verlieren könnten – und das wird während unseres langen Börsenlebens auch ab und zu passieren, genau wie auch auf der schönsten Urlaubsreise hin und wieder ein Gewitter vorbeizieht. Dann sind da die großen Hoffnungen, die wir mit den Börsen verbinden, seit es sie gibt, nämlich die Hoffnung, mit unseren Anlagen in Aktien und ETFs eines Tages vermögend zu werden. Eines Tages finanziell vollkommen frei zu sein gehört zu den größten Hoffnungen der Menschen aller Altersklassen.

Lisas Buch ist ein schöner Leitfaden, sich diesen Wunsch zu erfüllen, und aus eigener Erfahrung kann ich heute bestätigen, dass dieses Ziel an der Börse auch zu erreichen ist. Alles, was es dafür braucht, ist ein möglichst früher Start, langfristig zu handeln und niemals die Geduld zu verlieren. Wenn uns dies gelingt, wird unsere Börsenreise eine lebenslange Reise, die uns dann z. B. einen ganz speziellen Wunsch erfüllen kann – einen, der ebenfalls zu den häufigsten Wünschen und Sehnsüchten der Menschen in unserem Land gehört: Einmal im Leben eine sehr ausgedehnte Weltreise zu machen, die uns an jeden Ort unserer Träume bringt. Das Angenehme an dieser Weltreise könnte dann sein, dass uns diese Reise nicht einmal eigenes Geld kosten könnte. Jahrelange Dividendenzahlungen und das regelmäßige Reinvestieren dieser Dividenden in weitere Aktien und ETFs beschleunigen mit jedem Jahr unseren Vermögensaufbau. Das Einkommen daraus verwenden wir später für viele Rechnungen und vielleicht auch für die Kosten unserer Weltreise.

Auch das größte Vermögen, egal wie hoch es am Ende ist, beginnt immer mit dem ersten Euro, oder wie bei mir damals mit der ersten Deutschen Mark. Auf diesem Weg, der mit dieser ersten Investition beginnt, ist Lisas Buch ein Begleiter und guter Ratgeber, der viele Fragen rund um die Themen Geld, Börsen und erfolgreiches Investieren beantwortet.

DANKSAGUNGEN

Mein besonderer Dank gilt Clemens und Eloy für das Lesen und das Feedback des ersten Manuskripts, Helmut für das wunderbare Nachwort sowie Jonas, Inge und Viktor für ihre stetige Unterstützung und dafür, dass ihr immer an mich geglaubt und mich in Zeiten des Zweifels immer wieder ermutigt habt. Danke!

Ein großes Dankeschön geht auch an die Leserinnen und Leser meines Blogs und die mittlerweile sechsstellige Aktiengram-Community in den sozialen Medien. Ohne euch wäre das alles nicht möglich! Der Austausch und die zunehmende Offenheit über Geld und die eigenen Finanzen zu sprechen, ist eine tolle Entwicklung, die uns alle weiterbringt.

GLOSSAR

Mit diesem kleinen Lexikon möchte ich dir ein ergänzendes Nachschlagewerk an die Hand geben.

AD-HOC-MELDUNG: Bei wichtigen Ereignissen, die ein börsennotiertes Unternehmen betreffen, wird eine Ad-hoc-Mitteilung publiziert. Zu diesen Ereignissen zählen Informationen, die den Börsenkurs eines Unternehmens erheblich beeinflussen könnten.

ADR – AMERICAN DEPOSITARY RECEIPT: Ein ADR ist ein Zertifikat, das den Anspruch auf Auslieferung der Aktie verbrieft. Ein ADR ist keine Aktie des Unternehmens. Die Ausgabe erfolgt durch eine US-amerikanische Bank und ist oft der einfachste und kostengünstigste Weg für ausländische Unternehmen, an US-Börsen notiert und handelbar zu sein. Die ausgebende Bank bestimmt das Verhältnis zwischen ADR und Aktie. Ein ADR kann sowohl mehrere Aktien als auch Aktienbruchstücke verbriefen und wird an der US-Börse stellvertretend für die Original-Aktie gehandelt. Eine Quelle, um alle diese Informationen herauszufinden, ist das Verzeichnis der BNY Mellon[15].

AKTIE: Eine Aktie ist ein Wertpapier, das von einer Aktiengesellschaft ausgegeben und an der Börse gehandelt wird. Erwirbst du eine Aktie, bist du Aktionärin oder Aktionär und somit Anteilseigner.

AKTIENRÜCKKAUF (BUYBACK): Bei einem Aktienrückkauf oder „Buyback" werden Aktien vom Unternehmen selbst zurückgekauft. In der Regel wird ein Aktienrückkauf an der Börse positiv bewertet und der Aktienkurs steigt.

AKTIENSPLIT (FORWARD STOCK SPLIT): Bei einem Aktiensplit werden bestehende Aktien in eine größere Anzahl neuer Aktien mit jeweils geringerem Wert umgewandelt. Dadurch verringert sich der Preis pro Aktie. Dieser Schritt wird häufig zur „Kurspflege" durchgeführt. Ein sehr hoher Aktienkurs kann Kleinanleger von einem Investment

15 https://www.adrbnymellon.com/directory/dr-directory

abhalten. Wichtig: Für dich als Aktionär ändert sich nichts an deinem Anteil am Unternehmen, da du im Verhältnis mehr Aktien erhältst als vor dem Split.

AKTIENZUSAMMENLEGUNG (REVERSE STOCK SPLIT): Der Reverse Split ist sozusagen das Gegenteil eines Aktiensplits (Forward Stock Split). Ein Reverse Split ist also ein umgekehrter Aktiensplit. Bei der Kapitalmaßnahme wird die Anzahl der ausgegebenen Aktien reduziert. Ziel ist in der Regel die Erhöhung des Börsenkurses. Das Grundkapital der Aktiengesellschaft und der Gesamtwert der Aktien bleiben unverändert.

Wichtig: Der Reverse Split ist eine Möglichkeit, die Anzahl der Aktien zu reduzieren, die für die Aktionärinnen und Aktionäre auf dem Papier keinen Vorteil bringt. Der Aktienkurs erscheint optisch höher, aber letztlich besitzt man immer noch den gleichen Anteil am Unternehmen. Anders verhält es sich beim Aktienrückkauf. Hier kauft das Unternehmen aktiv Aktien vom Markt zurück und vernichtet diese, was den Anteil der Aktionäre am Unternehmen erhöht und einen Mehrwert für den Aktionär darstellt.

ANLEIHEN: Sie werden in der Regel von Staaten, Banken oder anderen Unternehmen ausgegeben, wenn diese sich Geld beschaffen wollen oder müssen. Jede Anleihe hat einen Zinssatz und eine Laufzeit. In den meisten Fällen ist der Zinssatz fest, es gibt aber auch flexible Modelle. Am Ende der Laufzeit erhält der Käufer sein Kapital zurück und konnte während der Laufzeit von den garantierten Zinsen profitieren. Bei einer Aktie beteilige ich mich als Miteigentümer am Unternehmen, bei einer Anleihe trete ich dagegen als Kapitalgeber auf und verleihe mein Geld. Im Gegenzug erhalte ich Zinsen, keine Unternehmensanteile.

AUFSICHTSRAT: Für die Überwachung der Geschäftsführung einer Kapitalgesellschaft zuständiges Organ, das bei Aktiengesellschaften von der Hauptversammlung und je nach Beschäftigtenzahl des Unternehmens von der Belegschaft gewählt wird. Bei Aktiengesellschaften besteht er aus mindestens drei Mitgliedern, die nicht gleichzeitig dem Vorstand angehören dürfen.

BÖRSE: Ein organisierter Marktplatz für den Handel mit Wertpapieren (z. B. Aktien, ETFs oder Anleihen) wird als Börse bezeichnet.

BEZUGSRECHT: Das Bezugsrecht ist das Recht, neu ausgegebene Aktien zu beziehen. Es steht allen Aktionären zu, die bereits vor dem Beschluss über die Kapitalerhöhung Aktionäre waren. Man spricht in diesem Zusammenhang von „alten Aktien“ und „neuen Aktien“. Durch die Ausgabe neuer Aktien verringert sich das Stimmrecht und der Unternehmensanteil der alten Aktien (Verwässerung), daher haben alle Altaktionäre ein Bezugsrecht auf neue Aktien.

BLUE CHIPS (STANDARDWERTE): Als „Blue Chips", „Large Caps" oder „Standardwerte" werden umsatzstarke, etablierte und finanziell solide Aktien großer Unternehmen bezeichnet, auf deren Kursentwicklung führende Indizes basieren. Sie zeichnen sich durch ein hohes Handelsvolumen und ein stärkeres Engagement institutioneller Anleger aus. Die Kursschwankungen sind hier häufig geringer als bei kleineren Unternehmen.

BULLE UND BÄR: Sie sind die beiden Symbole für positive und negative Kursentwicklungen an der Börse. Der stolze Bulle mit seinen prächtigen Hörnern steht für den langfristigen Aufwärtstrend oder „Hausse", der geduckte Bär mit gesenktem Schädel für den langfristigen Abwärtstrend oder „Baisse". Der Markt ist „bullish", wenn die Kurse steigen (Bullenmarkt), und „bearish", wenn sie fallen (Bärenmarkt). Die gängigste Erklärung für die Tiersymbolik leitet sich aus dem Kampfverhalten der Tiere ab: Ein Bulle stößt mit den Hörnern nach oben, ein Bär schlägt mit der Pranke nach unten.

BURGGRABEN: Als Burggraben bezeichnet man im Zusammenhang mit Aktien Unternehmen, deren Geschäftsmodell nicht ohne Weiteres kopiert oder übernommen werden kann. Wie eine Burg ist es durch einen oder mehrere Gräben vor „Angreifern" geschützt.

CASHFLOW: Der Begriff Cashflow bedeutet frei übersetzt „Geldfluss" oder „Kapitalfluss". Er bezeichnet den Zu- oder Abfluss liquider Mittel, umfasst also die Zahlungsströme, die in ein Unternehmen hinein- und aus ihm herausfließen. Er dient als Kennzahl zur Beurteilung der Liquidität eines Unternehmens. Ist der Cashflow eines Geschäftsjahres positiv, ergibt sich ein Jahresüberschuss, ist er negativ, ergibt sich ein Jahresfehlbetrag.

DELISTING: Der Rückzug eines börsennotierten Unternehmens von der Börse wird als Delisting bezeichnet.

DEPOT: Der Ort, an dem Wertpapiere für dich verwahrt werden. Diese Wertpapiere können Aktien, ETFs oder andere Investitionen sein. Es ist wie eine Art virtueller Geldbeutel, in dem du deine Investitionen sicher aufbewahrst und mit dem du handeln kannst, wenn du möchtest. Ein Depot ermöglicht es dir, deine Investitionen zu überwachen und zu verwalten.

DERIVATE: Finanzprodukte, deren Preisentwicklung an einen Basiswert gekoppelt ist. Als Basiswerte werden Waren oder Finanzinstrumente wie Aktien, Anleihen oder Indizes bezeichnet. Die Bewertung eines Derivats leitet sich somit von der Kurs- oder Wertentwicklung eines anderen Anlageprodukts ab.

DIVIDENDE: Die Dividende ist eine Ausschüttung an die Anteilseigner. Unternehmen, die bereits profitabel arbeiten und mehr Gewinn erwirtschaften als sie „benötigen" (z. B. für Investitionen, Rücklagen etc.), zahlen dieses Kapital an ihre Aktionäre aus. Die Anleger werden also durch die Dividende am Gewinn des Unternehmens beteiligt. Sie ist in der Regel ein Zeichen dafür, dass ein Unternehmen erfolgreich wirtschaftet und in der Lage ist, regelmäßig Gewinne auszuschütten. (Ausnahmen bestätigen die Regel.) Stetige Dividenden tragen zudem dazu bei, Kursschwankungen der Aktie etwas auszugleichen.

ETF: Die Abkürzung steht für „Exchange Traded Fund". ETFs sind somit Fonds, die an einer Börse gehandelt werden. Sie bilden die Wertentwicklung eines Index, zum Beispiel des DAX, möglichst genau ab. Mit ETFs kann kostengünstig und meist sehr breit gestreut in die Kapitalmärkte investiert werden.

FONDS: Ein Fonds bündelt das Geld von Anlegerinnen und Anlegern, um es gesammelt an den Finanzmärkten anzulegen. Fonds werden von Fondsgesellschaften aufgelegt. Jeder Fonds verfolgt eine bestimmte Anlagestrategie, die vom Fondsmanagement umgesetzt wird. Die Anlegerinnen und Anleger haben ihren Teil am Fonds in Form von Anteilen, die als Wertpapiere an der Börse handelbar sind.

FREE CASHFLOW: Cashflow eines Unternehmens nach Abzug aller laufenden (operativen) Kosten sowie der Investitionsausgaben. Der Free Cashflow gibt an, wie viel des erwirtschafteten Gewinns einem Unternehmen am Ende einer Wirtschaftsperiode für Dividendenausschüttungen, Aktienrückkäufe oder Schuldentilgung zur Verfügung steht.

GDR – GLOBAL DEPOSITARY RECEIPTS (GDRS): Sie funktionieren prinzipiell wie ADRs, der Unterschied liegt darin, dass GDRs nicht nur für den US-Markt, sondern auch für ein Listing in London gedacht sind.

GEWINNWARNUNG: Die Gewinnwarnung (profit warning) gibt bekannt, dass die Gewinnprognose eines Unternehmens nicht erreicht wird. Eine Gewinnprognose ist eine Prognose über den zu erwartenden Gewinn eines Unternehmens.

GLOBAL INDUSTRY CLASSIFICATION STANDARD (GICS): Der GICS wurde 1999 von Standard & Poor's (S&P) und Morgan Stanley Capital International (MSCI) entwickelt und unterteilt die Aktienwelt in 11 Sektoren und insgesamt 24 Branchen. Etwas tiefer gegliedert wird zusätzlich in 69 Industrien und nicht weniger als 158 Subindustrien unterschieden.

GOODWILL: Goodwill ist der Wert, den ein Käufer für ein Unternehmen zu zahlen bereit ist. Dabei werden die erwartete Ertragslage, der Marktwert der Vermögenswerte sowie die Verschuldung berücksichtigt. Im Goodwill werden also auch nicht bilanzierte Faktoren wie Kundenstamm, Markenname, Image, nicht aktivierte Patente, Synergiepotenziale oder Ertragskraft abgegolten.

HAUPTVERSAMMLUNG: Versammlung der Aktionäre einer Aktiengesellschaft und deren oberstes Entscheidungsorgan. In der Hauptversammlung (HV) ist jeder Aktionär entsprechend seinem Anteil an stimmberechtigten Aktien stimmberechtigt. Falls die Teilnahme nicht selbst erfolgen kann, kann man einen Dritten bevollmächtigen. Zu den wichtigsten Befugnissen der Hauptversammlung gehört die Bestellung des Aufsichtsrats, der seinerseits den Vorstand der Gesellschaft bestellt. Darüber hinaus entscheidet die Hauptversammlung über die Gewinnverwendung, die Entlastung von Aufsichtsrat und Vorstand sowie über Kapitalmaßnahmen. Beschlüsse werden grundsätzlich mit einfacher Mehrheit der abgegebenen Stimmen gefasst, es sei denn, es handelt sich um Entscheidungen von besonderer Tragweite wie Satzungsänderungen, Kapitalerhöhungen oder Liquidation. Diese bedürfen in Deutschland einer Zustimmung von 75 % des bei der Beschlussfassung vertretenen Grundkapitals.

INDEX: Ein Index ist im Grunde ein Verzeichnis. Für viele Indizes gibt es einen passenden ETF, und inzwischen erstellen die Indexanbieter für alle möglichen Dinge eigene Indizes. Es sind also Verzeichnisse von z. B. Aktien, die bestimmte Kriterien erfüllen. Diese Kriterien werden vom Indexanbieter festgelegt. So sind z. B. für den S&P 500 neben anderen Kriterien auch erforderlich, dass die Unternehmen in den USA an der Börse notiert sind und eine bestimmte Größe in Bezug auf die Marktkapitalisierung haben. Hier findest du eine Liste der bekanntesten Indizes, die auch für ETFs verwendet werden:

Weltweit
FTSE All-World
MSCI ACWI – All-Countries-World-Index

Industrieländer
FTSE Developed World
MSCI World
Schwellenländer
FTSE Emerging Markets
MSCI EM – Emerging Markets
MSCI EM IMI – Emerging Markets, Investable Market Index

Deutschland
DAX – wichtigster deutscher Aktienindex
MDAX – abgeleitet von Mid-Cap-DAX, also mittelgroße Unternehmen
SDAX – abgeleitet von Small-Cap-DAX, also kleinere Unternehmen
TecDAX – enthält deutsche „Technologiewerte"

USA

Dow Jones – einer der wichtigsten Indizes der USA
NASDAQ-100 – wichtigster Technologie-Index der USA
S&P 500 – enthält die 500 größten Unternehmen der USA
NASDAQ Composite – enthält über 3000 Unternehmen, die an der NASDAQ Börse gelistet sind
NYSE Composite – enthält alle an der New York Stock Exchange gelisteten Unternehmen

Europa

EURO STOXX 50 – enthält die 50 größten Unternehmen Europas
STOXX Europe 600 – enthält die 600 größten Unternehmen Europas
CAC 40 – wichtigster Aktienindex Frankreichs
SMI – wichtigster Aktienindex der Schweiz
ATX – wichtigster Aktienindex Österreichs
FTSE 100 – wichtigster Aktienindex Großbritanniens
IBEX 35 – wichtigster Aktienindex Spaniens
AEX – wichtigster Aktienindex der Niederlande
BEL 20 – wichtigster Aktienindex Belgiens
OMXS30 – wichtigster Aktienindex Schwedens
WIG 30 – wichtigster Aktienindex Polens

Asien

Shanghai Composite – wichtigster Aktienindex Chinas (ohne Hongkong)
CSI 300 – bildet die 300 größten Unternehmen ab, die in China an den Börsen Shanghai und Shenzhen gelistet sind
Hang Seng – wichtigster Aktienindex in Hongkong
Nikkei 225 – wichtigster Aktienindex Japans
KOSPI – wichtigster Aktienindex Südkoreas
BSE Sensex – wichtigster Aktienindex Indiens

INDUSTRIAL CLASSIFICATION BENCHMARK (ICB): Der ICB-Standard wurde 2004/2005 von Dow Jones STOXX und FTSE eingeführt und laut der Website von FTSE Russell zuletzt 2019 angepasst. Die letzte Anpassung hat die beiden Klassifizierungsstandards noch ähnlicher gemacht. Die Klassifikation unterscheidet sich dennoch leicht vom GICS und teilt die Unternehmen in 11 Industrien, 20 Supersektoren, 45 Sektoren und nicht weniger als 173 Subsektoren ein. Die 11 Industriezweige des ICB ähneln stark den 11 Industriezweigen des GICS.

INSTITUTIONELLE INVESTOREN: Dazu zählen z. B. Kreditinstitute, Versicherungen, Pensionskassen, Krankenkassen, Unternehmen, Vermögensverwaltungen, Kirchen,

Vereine, Stiftungen, staatliche Organisationen und internationale Organisationen.

INITIAL PUBLIC OFFERING (IPO), BÖRSENGANG: Der erste Verkauf von Aktien eines Unternehmens an die Öffentlichkeit. Eine andere Bezeichnung dafür ist „Neuemission".

ISIN (INTERNATIONAL SECURITIES IDENTIFICATION NUMBER): Internationaler Standard zur eindeutigen Identifizierung von Wertpapieren. Nationale Wertpapierkennnummern (z. B. WKN) können in der Regel in eine ISIN umgewandelt werden.

> **Aufbau der ISIN mit WKN**
> Der Ländercode: DE steht für Deutschland. An dem Ländercode der ISIN erkennt man, welchem Land ein Wertpapier zuzuordnen ist bzw. in welchem Land (Börse) das Wertpapier ausgegeben ist. Hier kann man bei den ADRs auch schnell anhand der ISIN erkennen, dass es sich um einen solchen handelt (ISIN dann: US...)

KAPITALERHÖHUNG: Durch eine Kapitalerhöhung können Unternehmen ihr Eigenkapital erhöhen. Mit einer Kapitalerhöhung können verschiedene Ziele verfolgt werden. Für die Aktionäre wirken sich Kapitalerhöhungen einerseits so aus, dass durch das Bezugsrecht neue Anteile am Unternehmen erworben werden können, andererseits kann der Aktienkurs durch die Erhöhung sinken.

KLUMPENRISIKO: Durch die Konzentration eines Depots auf bestimmte Branchen, Länder, Währungen oder Anlageklassen entsteht ein Klumpenrisiko.

KURS: Der Kurs beschreibt den Preis, zu dem eine Aktie oder ein ETF gekauft oder verkauft werden kann.

KURS-GEWINN-VERHÄLTNIS (KGV): Setzt den aktuellen Aktienkurs eines Unternehmens ins Verhältnis zum Gewinn. Im Englischen price-earnings ratio, kurz PER oder P/E genannt.

MARGE: Gewinnspanne, die sich bei Produkten oder Dienstleistungen als Differenz zwischen dem Herstellungs- bzw. Einkaufspreis und dem Verkaufspreis ergibt.

NEBENWERTE (= MID CAPS ODER SMALL CAPS): Aktien, die nicht zu den Standardwerten oder Blue Chips gehören. Eine Unterscheidung zwischen Aktien mit mittlerer (Mid Caps) und geringer Marktkapitalisierung (Small Caps) gibt es im deutschen Sprachgebrauch nicht. Small Caps werden auch als Red Chips bezeichnet.

ORDER: Auftrag an eine Börse, Wertpapiere zu kaufen oder zu verkaufen. Ein Auftrag wird von Privatkunden über eine Bank erteilt, die ihn an die Handelsplattform (Börse) weiterleitet.

PUMP-AND-DUMP: Wie der Name schon sagt, geht es darum, den Kurs einer Aktie (oder auch einer Kryptowährung) künstlich in die Höhe zu treiben. Dazu werden gerne Methoden wie Börsenbriefe, E-Mails und diverse Social-Media-Kanäle genutzt. Bestimmte Aktien werden dann als „der heiße Tipp" empfohlen, um möglichst viele Menschen zum Einstieg zu bewegen. Optional wird dann noch von „unabhängigen Experten" und „Insidern" gesprochen, die extrem hohe Kurssteigerungen versprechen. Das Ziel ist schnell erklärt: Möglichst viele Anlegerinnen und Anleger zum Kauf zu bewegen, um dann selbst bei hohen Kursen auszusteigen, alles zu verkaufen und selbst einen satten Gewinn einzustreichen.

SHAREHOLDER VALUE: Der Nutzen für die Aktionäre bzw. das Vermögen der Aktionäre. Der Begriff umfasst alle Aspekte einer Unternehmensführung, die sich am Vermögen der Anteilseigner als langfristiger Zielgröße orientiert. Konkret geht es darum, den Marktwert des Eigenkapitals im Interesse der Anteilseigner (Eigenkapitalgeber, Aktionäre, Shareholder) zu maximieren. Aus Sicht der Aktionäre geht es vor allem um nachhaltige Dividenden und Kurssteigerungen. Demgegenüber steht die Berücksichtigung anderer mit dem Unternehmen verbundener Interessensgruppen wie Fremdkapitalgeber, Mitarbeiter oder auch der Staat.

SPEKULATIONSBLASE: Zu Beginn einer Spekulationsblase erwarten viele Menschen, dass sie eine bestimmte Ware in der Zukunft mit großem Gewinn verkaufen können. Deshalb kaufen sie große Mengen davon. Die erhöhte Nachfrage treibt die Preise in die Höhe. Irgendwann merken die Anleger, dass die Waren weit über ihrem eigentlichen Wert gehandelt werden. Sie bekommen Angst, dass die Preise wieder fallen könnten. Deshalb verkaufen sie ihre Waren, solange der Preis noch hoch ist. Dadurch steigt das Angebot auf dem Markt, und die Preise sinken erst langsam und dann immer schneller. Das Ergebnis: Die Spekulationsblase platzt. Wer rechtzeitig verkauft, verdient viel Geld. Wer aber zu spät verkauft, steht mit leeren Taschen da.

SPIN-OFF (KAPITALENTFLECHTUNG): Bei einem Spin-Off gliedert ein bestehendes Unternehmen einen Unternehmensteil als eigenständiges Unternehmen aus. Als Gegenleistung für die Veräußerung dieses Unternehmensteils erhalten die bisherigen Anteilseigner Aktien des neuen Unternehmens oder zumindest das Recht, diese neuen Aktien zu erwerben.

SPLIT OFF: Bei einer Abspaltung muss sich der Aktionär entscheiden, ob er Aktien der neuen Gesellschaft in seinem Depot haben möchte. Dies geschieht durch einen Umtausch. Wer das Angebot annimmt, gibt also die Aktien der Muttergesellschaft ab und erhält dafür die Aktien der Tochtergesellschaft. Man erhält also keine Aktien zusätzlich, sondern im Tausch.

SPREAD: Der Spread ist die Differenz zwischen dem Verkaufskurs (Ask) und dem Kaufkurs (Bid) – auch Briefkurs (Ask) und Geldkurs (Bid) genannt. Der Ask-Kurs (Geldkurs) ist fast immer höher als der Bid-Kurs (Briefkurs).

STAMMAKTIE: Die am häufigsten verbreitete Form der Aktie. Der Inhaber einer Stammaktie ist berechtigt, alle im Aktiengesetz verankerten Rechte auszuüben. Dazu gehören beispielsweise das Stimmrecht in der Hauptversammlung und das Recht auf Dividenden.

STREUBESITZ: Dazu zählen Aktien, die sich nicht im Besitz von Großaktionären (Anteil am Grundkapital über 5 Prozent) befinden. Je höher der Anteil des Streubesitzes, desto höher ist in der Regel die Handelbarkeit einer Aktie.

TTM (TRAILING TWELVE MONTHS): TTM bezieht sich auf den Zeitraum von vor zwölf Monaten bis zum aktuellen Datum, z. B. März 2022 bis März 2023. Der TTM-Zeitraum wird auch häufig für die Bewertung von Aktien oder Finanzkennzahlen verwendet. Er vermittelt ein genaueres Bild der jüngsten finanziellen Leistung eines Unternehmens als andere Kennzahlen wie Quartals- oder Jahresberichte. Dies liegt daran, dass TTM alle finanziellen Aktivitäten des Unternehmens in den letzten zwölf Monaten umfasst und nicht nur eine Momentaufnahme eines bestimmten Quartals oder Jahres. Es ist jedoch zu beachten, dass der TTM keine „perfekte" Messgröße darstellt, da er durch einmalige Ereignisse wie den Verkauf von Vermögenswerten oder Ausgaben für Rechtsstreitigkeiten beeinflusst werden kann. Außerdem spiegelt der TTM-Wert nicht unbedingt die Zukunftsaussichten eines Unternehmens wider. Der TTM sollte daher immer nur als ein Instrument einer Gesamtanalyse betrachtet werden. Neben dem TTM gibt es noch den Zeitraum YTD (Year To Date): Damit wird der Zeitraum vom Beginn des aktuellen Kalenderjahres bis zum aktuellen Datum angegeben, z. B. Januar 2023 bis zum aktuellen Datum im Jahr 2023.

> **Was ist der Unterschied zwischen YTD und TTM?**
> YTD steht für Year-To-Date und TTM für Trailing Twelve Months. YTD bezieht sich auf den Zeitraum vom Beginn des aktuellen Kalenderjahres bis zum aktuellen Datum. TTM bezieht sich auf den Zeitraum von vor zwölf Monaten bis zum aktuellen Datum.

VORZUGSAKTIE: Inhaber von Vorzugsaktien haben in Deutschland im Gegensatz zu Stammaktionären kein Stimmrecht. Zum Ausgleich erhalten Vorzugsaktionäre in der Regel höhere Dividenden als Stammaktionäre.

ZERTIFIKAT: Ein Zertifikat ist eine Schuldverschreibung, deren Wertentwicklung von der Wertentwicklung eines zugrunde liegenden Basiswerts abhängt. Basiswerte können wie bei Derivaten unter anderem Aktien eines bestimmten Unternehmens, Indizes, aber auch

Rohstoffe oder Währungen sein. Zertifikate richten sich in erster Linie an Privatanleger, während Derivate wie Optionen, Futures und Swaps in der Regel von institutionellen Anlegern gehandelt werden.

ZENTRALBANK: Sie handelt im gesamtwirtschaftlichen Interesse und hat in Europa die Aufgabe, für Geldwertstabilität zu sorgen, indem die Inflation auf einem stabilen Niveau gehalten wird. Sie trägt in Krisenzeiten dazu bei, die Wirtschaft anzuregen oder einer Rezession vorzubeugen oder diese zu mildern.

ZENTRALVERWAHRER: Sozusagen das „Grundbuch" der Wertpapiere. Zentralverwahrer (engl.: Central Securities Depository, CSD) übernehmen die Verwahrung und Übertragung von Wertpapieren. Wertpapiere werden also in der Regel nicht „direkt" bei der Depotbank verwahrt.

EMPFEHLUNGEN ZUR VERTIEFUNG

Neben zahlreichen Internetblogs und Onlineformaten gibt es auch eine Fülle von guter Literatur zur Vertiefung einzelner Themen. Die Qualität der Onlineangebote ist immer nur eine Momentaufnahme und kann nicht für die Zukunft garantiert werden, dennoch möchte ich hier meine Favoriten nennen.

Basiswissen und weiterführende Themen finden wir z. B. bei *Finanzfluss* und *Finanztip*. Für Daten und Datenbanken rund um ETFs empfehle ich gerne *extraETF* und *justETF* sowie den *ETF-Informer* von Finanzfluss. Für das Portfolio-Tracking nutze ich *Parqet*, aber auch *Portfolio Performance* ist eine gute Software aus diesem Bereich. Aktuelle Empfehlungen zu Tools und Software rund um das Thema Börse findest du stets auf meiner Webseite unter aktiengram.de/toolkit.

LESESTOFF (AUSWAHL)

- Cool bleiben und Dividenden kassieren; Werner H. Heussinger und Christian W. Röhl (FinanzBuch Verlag, Juni 2017)
- Das einzige Buch, das Du über Finanzen lesen solltest; Mona Linke und Thomas Kehl (Ullstein, Januar 2022)
- Der Börse einen Schritt voraus; Peter Lynch (Börsenbuchverlag, November 2017)
- Der leichte Einstieg in die Welt der ETFs; Gerd Kommer (FinanzBuch Verlag, Juni 2022)
- Des klugen Investors Handbuch; Dr. Markus Elsässer (FinanzBuch Verlag, Oktober 2016)
- Die Kunst, über Geld nachzudenken; André Kostolany (Ullstein, April 2015)
- Einfach nicht arm sterben: Wie du ohne Banken und Berater mit ETFs und Aktien deine Vermögensbildung voranbringst; Rene Isau (Selbstverlag, April 2020)
- Money Kondo; Hava Misimi (EMF, August 2021)
- So wirst du finanziell frei; Margarethe Honisch (Piper, September 2022)
- Über die Psychologie des Geldes; Morgan Housel (FinanzBuch Verlag, März 2021)
- Unternehmensbewertung & Kennzahlenanalyse; Nicolas Schmidlin (Vahlen, September 2020)